Nicaise Milandou Semo

Comprendre et adorer le Saint-sacrement

Nicaise Milandou Semo

Comprendre et adorer le Saint-sacrement

Conseils pratiques

Éditions Croix du Salut

Cover image: www.ingimage.com

Publisher:
Éditions Croix du Salut
is a trademark of
Dodo Books Indian Ocean Ltd. and OmniScriptum S.R.L publishing group

120 High Road, East Finchley, London, N2 9ED, United Kingdom
Str. Armeneasca 28/1, office 1, Chisinau MD-2012, Republic of Moldova, Europe
Printed at: see last page
ISBN: 978-620-6-16888-1

Nicaise Milandou Semo

Comprendre et adorer le Saint-Sacrement

Conseils pratiques

Du même auteur

Le pourpré de campagne le Cardinal Émile Biayenda, Éditions Ices, Paris, 2018

Pour une Pastorale écologique en Afrique dialogue avec les traditions, Éditions de l'Harmattan, Paris, 2023.

Dédicace

À vous tous que j'ai rencontrés dans les différents lieux de mission,
À vous en qui j'ai apprécié l'amour et la dévotion au Saint-Sacrement,
À vous tous qui développez un désir de comprendre et adorer l'Eucharistie.

Épigraphe

« Ô mon bon Jésus, que je suis heureux et content de venir vous voir, de venir passer cette bonne heure avec vous, vous dire mon amour ! Que vous êtes bon de m'avoir appelé ! Que vous êtes aimable d'aimer une aussi pauvre créature que moi ! Oh oui, je veux bien vous aimer. Ainsi soit-il» (Saint Pierre Julien Eymard)

Introduction

Le désir de comprendre l'adoration eucharistique manifesté par nombreuses personnes, chrétiens pratiquants et *curieux*, rencontrées pendant tout au long de notre ministère pastoral, nous a stimulé à réfléchir sur un *vademecum* de la pratique de l'adoration eucharistique personnelle ou en groupe. Il s'agit d'un modeste instrument pour accompagner le moment d'adoration du Saint Sacrement. Nous n'avons pas la prétention d'offrir des méthodes idéales ou exclusives de l'adoration, car la tradition ecclésiale offre plusieurs documents susceptibles de guider la dévotion au Saint Sacrement. En plus, chaque fidèle est libre de suivre ce que son cœur lui inspire comme manière d'adorer l'Eucharistie, à la seule condition que sa créativité n'entache pas la dignité du Christ présent dans ce sacrement.

En effet, plusieurs grands spirituels et théologiens ont réfléchi sur la spiritualité eucharistique et les documents qui traitent de l'adoration du Saint sacrement sont nombreux. Dans le développement de notre discours, nous mentionnerons quelques documents officiels de l'Église qui traitent du culte eucharistique en dehors de la messe, car cette abondante documentation nous aidera à éclaircir les concepts clés de la question qu'aborde ce livre et dans la proposition des textes susceptibles d'aider les personnes qui veulent découvrir la dévotion eucharistique ou vivre pieusement leur rencontre avec le Seigneur.

Avant tout notons que l'adoration eucharistique est prolongement de la messe. Pendant la messe comme pendant l'adoration, c'est Jésus lui-même qui est à l'œuvre. C'est lui qui suscite au cœur des fidèles l'amour de son mystère pascal. Comme au soir de sa résurrection, il accompagne ses disciples perdus, désemparés et attristés par les derniers événements macabres survenus à Jérusalem, à savoir la condamnation d'un certain Jésus, un innocent crucifié en qui ils avaient mis leur espoir (Luc 24,13-19). Pendant l'adoration, Jésus met dans les cœurs de l'adorateur l'amour de son corps livré pour la vie du monde. C'est donc lui l'inspirateur de la vraie adoration.

En outre, la rencontre de Jésus avec la samaritaine, rapportée par l'évangéliste Jean, a révélé la vraie adoration que Dieu attend des hommes. Qu'elle est révélatrice cette rencontre ! Découvrons-la un peu. En effet, elle se déroule dans un contexte bien particulier : Jésus est juif et la femme est samaritaine, deux appartenances divergentes. Parmi les différents qui opposaient les deux peuples, samaritains et Juifs, figure le lieu d'adoration de Dieu. Pour les juifs, le lieu digne d'adoration est Jérusalem, ce que les samaritains refusaient, préférant le mont Garizim qui pour eux était l'unique vrai lieu d'adoration. Notons que les Samaritains étaient descendants d'un mélange d'Israélites restés dans le pays lors de la captivité et de païens transportés de l'Orient dans cette contrée, pour la repeupler (2Rois 17,24). La dispute sur la pureté de race n'a pas épargné certains aspects pratiques de la religion. Ainsi, le mont Garizim avec son temple occupait une très grande importance dans la vie des samaritains qui se disaient appartenir à la religion de Moïse.

Ainsi, les deux peuples nourrissaient une haine nationale les uns envers les autres depuis l'époque du retour de la captivité raconté par Esdras (4,1-15). Transcendant cette querelle intestine, Jésus, dans sa conversation avec la samaritaine, déclare : "Mais l'heure vient, et elle est déjà venue, où les vrais adorateurs adoreront le Père en esprit et en vérité ; car ce sont là les adorateurs que le Père demande. Dieu est Esprit, et il faut que ceux qui l'adorent l'adorent en esprit et en vérité" (Jean 4,23-24). Qu'est-ce que, donc, l'adoration ? Comment adorer ?

Nous essaierons de répondre à ces deux questions. Notre travail se veut pragmatique : aider les chrétiens à bien vivre leurs moments d'adoration eucharistique. C'est pourquoi, la description de la notion d'*adoration* et du verbe *adorer* sera succincte. Il s'agira simplement d'expliquer ces mots à partir d'un point de vue étymologique, littéraire et religieux. Il va sans dire que la plus grande partie de l'ouvrage sera dédiée à l'adoration eucharistique, notamment à la proposition de quelques textes susceptibles d'accompagner et d'enrichir l'adoration eucharistique personnelle ou communautaire. Nous proposons des schémas d'adoration selon le temps liturgique (Temps ordinaire, Temps de l'Avent, Temps de Noël, Temps de Carême, Temps de Pâques) et les nécessités.

Première partie

Définition des concepts : Adoration et Adorer

Le concept *adoration* et le verbe *adorer* sont deux mots qui appartiennent au vocabulaire affectif comme l'illustre le livre de Cantiques des cantiques de Salomon : « Qu'il me donne les baisers de sa bouche : meilleures que le vin sont tes amours ! Délice, l'odeur de tes parfums ; ton nom, un parfum qui s'épanche : ainsi t'aiment les jeunes filles !» (Ct 1,2-3).

L'adoration est un culte qui traduit le respect et le dévouement comme l'on peut le constater dans cette ordonnance de Dieu à Moïse : « Dieu dit alors : " N'approche pas d'ici ! Retire les sandales de tes pieds, car le lieu où tu te tiens est une terre sainte !" Et il déclara : " Je suis le Dieu de ton père, le Dieu d'Abraham, le Dieu d'Isaac, le Dieu de Jacob" Moïse se voila le visage car il craignait de porter son regard sur Dieu» (Ex 3, 5-6). Elle est aussi associée à la passion parce qu'elle envahit et domine toute la partie sentimentale de l'homme. Elle s'impose et se déploie en l'homme plus fortement que l'amour. Elle est définie par le verbe *adorer* qui est un verbe actif.

L'adoration aboutit à l'exaltation, à l'extase (Ex. 15, 21) et, malheureusement, à l'idolâtrie (Ex. 20). Ainsi, l'expression *aimer jusqu'à l'adoration* que nous trouvons dans Exode (19), signifie aimer jusqu'à la folie, voire jusqu'à en mourir. Dans les sociétés développées où se développent de plus en plus des anti-valeurs, l'on compte de nombreux cas de meurtre conséquence d'une jalousie démesurée souvent justifiée par la passion de posséder l'autre. Et cela se produit très souvent chez les jeunes.

Etymologiquement, l'adoration dérive de la langue latine, *adoratio*. Elle désigne l'action d'adorer, du verbe latin *adorare*. C'est une affection passionnée pour quelqu'un ou quelque chose. L'adoration peut désigner un acte par lequel l'affectivité humaine se manifeste. L'encyclopédie italienne en ligne, *Treccani*, définit l'adoration comme « un acte de révérence envers la divinité par lequel on reconnait sa supériorité et sa dépendance à son égard »[1]. Elle est caractérisée par des actes extérieurs, comme les gestes, postures, symboles et autres signes distinctifs selon les croyances. Dans la plupart des cas, l'adoration se pratique en présence des signes (croix, statue, etc.) ou d'image divine.

Victor Hugo, écrivain et homme politique français, définit l'adoration à partir d'un constat. Il constate que les personnes qui adorent s'imposent un silence remarquable. Il conclut de ce fait que l'adoration est *quasi-muette*[2]. En plus, il remarque que les postures et les attitudes entretenues pendant cet exercice renvoient à la religion ; d'où

1 Encyclopédie Treccani, Adoration, disponible sur : treccani.it.

2 Victor Hugo, Ruy Blas, Hachette Education (Nouvelle édition), 21 aout 2002, p. 367.

l'adoration est religieuse[3], c'est-à-dire relève du domaine de la religion. Appliquée en domaine de la religion, l'adoration est adressée à une divinité et elle est exclusive. Le livre d'Exode nous renseigne que pendant son séjour au désert, le peuple d'Israël a eu la mauvaise initiative de se se fabriquer un dieu à partir des bijoux d'or fondus et de l'adorer. Cette apostasie fut gravement réprimandée par Dieu qui décida d'exterminer son peuple. Toutefois, grâce à l'intercession de Moïse, il y renonça (Exode 32,1-14).

L'adoration dans le judaisme

Dans la religion juive l'adoration est la manifestation de la confiance en Dieu unique et un refus de pratiquer l'idolâtrie. La dévotion des hébreux au Dieu unique remonte à leur patriarche Abraham. Ce dernier, suite à l'appel de Dieu, avait quitté sa terre et la maison de son père pour aller où Dieu le voulait (Gen.12,1-9). Sa décision de se démarquer de ses habitudes et ses croyances mit Abraham dans une relation de dépendance et d'obéissance à un Dieu que jusqu'au jour de l'appel lui était méconnu. Dès lors son acte d'obéissance scella le point de départ d'une adhésion radicale au Dieu unique bâtie sur l'écoute, l'obéissance et la vénération : « Lorsque Abram eut atteint quatre-vingt-dix-neuf ans, le Seigneur lui apparut et lui dit : « Je suis le Dieu-Puissant ; marche en ma présence et sois parfait. J'établirai mon alliance entre moi et toi, et je multiplierai ta descendance à l'infini. Abram tomba face contre terre et Dieu lui parla ainsi : Moi, voici l'alliance que je fais avec toi : tu deviendras le père d'une multitude de nations » (Gn 17,1-4). Cette adhésion d'Abraham[4] s'exprime à travers, entre autres, le culte, les offrandes et sacrifice qui sont des actes d'adoration. L'amour d'Abraham pour Dieu fut sans limites, il n'hésita pas à honorer la demande de Dieu à lui sacrifier son fils unique Isaac. Ainsi, sur les pas d'Abraham, les hébreux ont, durant leur exode, rendu le culte au Dieu Unique : Dieu d'Abraham, d'Isaac et de Jacob.

En outre, chez les hébreux, l'adoration au Dieu Unique s'est perpétuée grâce à la célébration du mémorial des actions accomplies par Dieu en leur faveur. Voici un texte qui soutient la foi juive : « Écoute, Israël : le Seigneur notre Dieu est l'Unique. Tu aimeras le Seigneur ton Dieu de tout ton cœur, de toute ton âme et de toute ta force. Ces paroles que je te donne aujourd'hui resteront dans ton cœur. Tu les rediras à tes fils, tu les répéteras sans cesse, à la maison ou en voyage, que tu sois couché ou que tu sois levé ; tu les attacheras à ton poignet comme un signe, elles seront un bandeau sur ton front, tu les inscriras à l'entrée de ta maison et aux portes de ta ville». Ce texte constitue le crédo hébraïque.

3 Edmond et J. De Goncourt, Journal, aout ! () », p.304, disponible sur : https://obvil.sorbonne-universite.fr/corpus/critique/goncourt-edmon_journal-09, consulté le 11 octobre 2023.

4 Nouveau nom donné par Dieu à Abram lorsqu'il dit : « Tu ne seras plus appelé du nom d'Abram, ton nom sera Abraham, car je fais de toi le père d'une multitude de nations. », dans Genèse 17,5.

L'adoration dans l'Islam

Dans l'Islam, l'adoration est un acte de foi et de soumission au Dieu unique. Il est la première attitude d'adhésion à Allah. En effet, le Coran déclare que « Personne ne mérite d'être adoré sauf Allah, et Mahomet est le messager d'Allah ». Cette déclaration est appelée "shahada" ou témoignage. C'est elle qui consacre l'adhésion et l'incorporation d'un nouveau membre dans l'Islam. Le shahada affirme la croyance absolue et le mérite d'être adoré. Par conséquent, adorer autre chose qu'Allah est un péché grave comme l'atteste la sourate 4, verset 48 du Coran : « Certes Dieu ne pardonne pas qu'on Lui donne quelqu'associé. A part cela, Il pardonne à qui Il veut. Mais quiconque donne à Dieu quelqu'associé commet un énorme péché ».

Dans l'Islam l'adoration est assimilée à la prière. Et elle se vit pleinement lorsqu'elle est faite avec les autres, c'est-à-dire en communauté ; car de cette façon, les croyants forment un seul corps qui adore Dieu. Cet acte d'adoration peut s'accomplir en tout lieu et en toutes circonstances, seul ou en groupe.

L'adoration dans le christianisme

L'adoration n'est réellement pas définie dans la Bible. Toutefois, l'on y trouve des concepts qui s'y réfèrent. Il y a par exemple les concepts hommage, adoration, reconnaissance, soumission service et révérence[5]. En hébreu, la traduction du verbe adorer signifie littéralement « se pencher en avant à partir de la taille »[6]. Ainsi, depuis très longtemps ce concept traduit la pratique orientale qui consiste à se prosterner en embrassant le sol comme marque de respect envers un dignitaire ou une personne importante (Ex 18,7 ; 2 S 4,4). Ce geste est vite devenu une attitude de référence dans l'expression de la considération et du respect envers des dignitaires. Dans le livre de la Genèse (24,26-27), ce geste témoigne la soumission au Dieu vivant. Israël en a fait son signe de soumission et de reconnaissance, de sacrifice et de louange publique de son Dieu[7]. Toutefois, la Bible nous renseigne que l'acte d'adoration n'est véridique et juste que s'il est préalablement constitué d'une vraie connaissance de Dieu et de sa volonté, hors de cette condition, il est taxé d'idolâtre[8].

---

[5] T. Desmond Alexander & Brian S. Rosner (sous la direction de), Dictionnaire de théologie biblique, Éditions Excelsis, 2012, Charols, France, p.418.

[6] Ibidem

[7] T. Desmond Alexander & Brian S. Rosner (sous la direction de), idem, p.419.

[8] Ibidem.

En outre, dans la compréhension et la pratique chrétienne, l'adoration traduit le culte rendu à Dieu et à des symboles sacrés, en relation avec une puissance surnaturelle. Il est certain que Jésus soit « indirectement à l'origine de formes de dévotions nouvelles dont l'adoration de la Croix est une des plus originales, culminant dans l'ostension de la Croix le vendredi saint dans la liturgie chrétienne »[9]. Il va sans dire que dans ce culte, les chrétiens identifient l'arbre de la Croix à Jésus lui-même. La Croix aide le chrétien à comprendre le but de la passion de Jésus. En mourant sur une Croix, Jésus a voulu sauver l'humanité (Es 53,4 ; 1Pierre, 2,24). L'adoration de la Croix, mise en valeur le Vendredi saint, est « un hommage royal » fait à la manière du « cérémonial d'adoration des empereurs »[10].

En outre, l'hommage à Jésus à travers la Croix a pour source une parole de Jésus lui-même à Nicodème : « Et tout comme Moïse a élevé le serpent dans le désert, il faut aussi que le Fils de l'homme soit élevé afin que quiconque croit en lui [ne périsse pas mais qu'il] ait la vie éternelle » (Jn 3,14-15). Cette déclaration nous renvoie dans ce que dit le livre des Nombres : « L'Eternel dit à Moïse : Fais-toi un serpent brûlant, et place-le sur une perche; quiconque aura été mordu, et le regardera, conservera la vie.…» (21,8-9). Ainsi, la foi chrétienne vit, dans l'adoration de la Croix de Jésus, le prolongement de la contemplation de Dieu, source de salut. Lorsque le prêtre, le Vendredi saint, devant la Croix chante : « Nous t'adorons, Ô Christ, nous te bénissons…», il proclame le mystère de la Croix auquel les fidèles rassemblés répondent : « Parce que, par ta sainte Croix, tu as sauvé le monde ». Pour marquer ce mystère, la liturgie prolonge l'adoration de la Croix au Samedi saint. À cette occasion, l'autel de l'église est dénudé et le tabernacle vidé des Hosties consacrées qui sont transférées en un autre lieu. Ainsi, l'adoration du Saint Sacrement est substituée par celle de la Croix.

L'adoration chrétienne s'adresse à Dieu, à son Fils unique Jésus-Christ et à son Esprit, comme l'atteste cet extrait du Crédo de Nicée : « Je crois en Saint Esprit… Avec le Père et le Fils, il reçoit même adoration et même gloire ». Les Apôtres ont adoré Jésus après sa résurrection. L'évangéliste Matthieu nous rapporte qu'après la résurrection de Jesus, « les onze disciples allèrent en Galilée, sur la montagne que Jésus leur avait désignée. Quand ils le virent, ils se prosternèrent devant lui... » (28, 16-17).

L'adoration est aussi un modèle de prière à Dieu. Sur ce, Henri Bremond se questionnait : « Nous ne concevons la prière que sous l'idée d'une demande ; mais

---

[9] L'École de Jérusalem, Dictionnaire Jésus, Édition établie sous la direction de Renaud Silly o.p., Bouquins la collection, Paris, 2021, p.13, §2.

[10] L'École biblique de Jérusalem, ibidem, §3

n'est-elle donc pas aussi (et avant tout) une adoration, et comme une extase d'amour à la vue de la grandeur et des perfections de Dieu ? N'est-elle pas une adoration, une louange, une action de grâces, un dévouement, un désir que Dieu soit connu et aimé ? »[11]. Il est vrai que l'adoration comme la prière s'adressent à Dieu, mais la présence divine n'est pas vécue de la même manière dans les deux cas. Dans la prière, l'on cherche à rencontrer le Seigneur à partir de notre cœur, c'est un moment qui nécessite beaucoup de concentration pour ne pas se livrer à la distraction. C'est pourquoi sainte Thérèse d'Avila disait : « Pour prier comme il convient, vous savez ce qu'on fait tout d'abord. On examine sa conscience, on se confesse à Dieu et on fait le signe de la Croix » et « Aussitôt après, appliquez-vous à trouver une compagnie. Et quelle meilleure compagnie pouvez-vous trouver que celle du Seigneur"[12].
Dans l'adoration eucharistique, l'on se trouve en face d'une présence réelle : l'Eucharistie que l'on peut « adorer comme Dieu en Lui offrant l'hommage parfait de tout notre être [...]. Par l'Eucharistie une union parfaite s'établit entre Notre Seigneur et nous ».[13]

En fin de compte, l'on constate que dans les trois religions monothéistes citées, l'adoration est exclusivement réservée au Dieu Unique. Par conséquent, adorer autre chose que lui, c'est de l'apostasie. Cela revient à dire que les croyants de ces religions ne peuvent adorer ni une créature ni une autre divinité.

---

11 Henri Bremond, Histoire littéraire du sentiment religieux en France, t.4, 1990, p.394.

12 Sainte Thérèse d'Avila, Conseils, disponible sur : https://levarmelo.org>comment-prier-, consulter le 27 octobre 2023.

13 Texte de saint Pierre Julien-Eymard sur l'Eucharistie, http://missatridentinaemportugal.blogspot.com › textes...

Deuxième partie

L’adoration du Saint Sacrement dans l’Église

« Mettez-vous dans un esprit de joie quand vous allez à l'Adoration. Si cette joie continue, servez-vous-en ; si elle dure une heure, si elle dure trois heures, servez-vous-en, parce que ce sentiment vous attache à Notre Seigneur. N'écoutez pas les sentiments contraires, ravivez-la quand elle semble s'en aller, soufflez sur ce charbon ardent qui semble perdre sa chaleur, soufflez pour ranimer cette joie ; si vous agissez ainsi, vous vous préserverez des peines et des tentations »[14]

(Pierre-Julien Eymard)

[14] *Prière de saint-Pierre Julien Eymard,* disponible sur l’Url: site-catholique.fr

L'enseignement de l'Église sur l'adoration eucharistique

L'adoration eucharistique est, comme l'a défini le Pape Paul VI, un rituel de l'Eucharistie en dehors de la messe[15]. Elle consiste en une attitude de vénération et de prière devant l'Eucharistie exposée sur l'autel ou devant le tabernacle. Elle est l'un des cultes eucharistiques en dehors de la messe reconnus et encouragés par l'Église, comme la communion en dehors de la messe, la communion portée au malade (viatique), la procession solennelle.

Le Concile Vatican II a défini des normes qui clarifient et justifient ces pratiques eucharistiques. L'on cite l'Instruction *Eucharisticum mysterium* sur le culte du mystère eucharistique, publiée par la Congrégation des rites le 25 mai 1967. D'autres documents comme *Dominicae cenae* du Pape Jean Paul II, du 24 février 1980, et l'encyclique *Ecclesia de Eucharistia* du Pape Benoit XVI, publiée le 17 avril 2003, nous renseignent sur l'importance de ces cultes dans la vie de l'Église et de ses fidèles et expliquent le lien entre l'Eucharistie célébrée et l'Eucharistie adorée. L'on ne peut, donc, saisir la valeur de ces cultes que dans leur lien à la messe. C'est ce que nous rappelle cet extrait de l'encyclique *Mysterium fidei* : « Ce culte d'adoration dû au sacrement de l'Eucharistie, l'Église l'a exprimé et continue de l'exprimer non seulement durant la messe mais aussi en dehors de cette célébration ; elle conserve avec le plus grand soin les hosties consacrées, les présente aux fidèles pour qu'ils les vénèrent avec solennité (…) Nous vous prions de ne pas ménager les paroles et les efforts pour promouvoir le culte eucharistique vers lequel, en définitive, doivent converger toutes les autres formes de piété ».[16]

Cependant, l'on constate que dans certaines paroisses, le lien entre la messe et l'adoration du Saint Sacrement n'est pas bien mis en évidence. D'où notre insistance sur la lecture des documents du magistère sur le culte de l'Eucharistie et la formation des fidèles pour éviter que se développe une spiritualité eucharistique parallèle ou sans référence à la messe. L'adoration eucharistique est et demeure le prolongement de la messe. C'est pourquoi la messe doit être célébrée dans un climat qui favorise la prière, le recueillement, le silence et l'adoration, comme l'a rappelé saint Jean Paul II : « L'Eucharistie, un grand mystère ! Mystère qui doit avant tout être bien célébré… et que, dans chaque communauté, on fasse tout son possible pour qu'elle soit placée de manière digne »[17]. L'on se rend, donc, compte que la célébration de la messe ne dépend pas de la créativité du prêtre ni des fidèles, mais de l'obéissance aux orientations du missel (rubriques) et de la participation de toute l'assemblée dans l'esprit du de la lettre apostolique *Desiderio desideravi* du Pape François[18].

15 Pape Paul VI, Rituel de l'Eucharistie en dehors de la messe, Rome, le 21 juin 1973.

16 Paul VI, Encyclique l'Eucharistie, mystère de foi (Mysterium fidei), Paris, Centurion 1965, n.56 et 64.

17 Jean Paul II, Mane nobiscum Domine, n.17, 7 octobre 2004.

18 Lettre apostolique du Pape François sur la formation liturgique du peuple de Dieu du 29 juin 2022.

L'adoration eucharistique, doit être vécue dans le même esprit que la messe. Elle est une dévotion importante à la vie chrétienne. En effet, saint Augustin déclare : « Non seulement nous ne péchons pas en l'adorant, mais nous péchons on ne l'adorant pas »[19].

En outre, plusieurs moments pendant la messe expriment l'adoration. Il y a la vénération de l'autel au début de la messe, le baisé du prêtre sur le lectionnaire après la proclamation de l'évangile, l'encensement de l'autel, l'élévation du pain et du calice pendant la consécration, l'inclination de la tête, la génuflexion, l'agenouillement et le silence.

L'adoration après la messe exprime mieux le prolongement du mystère célébré dans la vie des fidèles. Cinquante-huit ans après *Mysterium fidei,* Pape François concluant les travaux de l'avant-dernière phase du synode sur la synodalité, le 29 octobre 2023 dans la Basilique saint Pierre de Rome, déclara : « L'adoration est la première réponse que nous pouvons donner à l'amour gratuit et surprenant de Dieu ». Nous comprenons dans les paroles de François l'importance de cet acte qui fait de nous des amoureux de Dieu et nous libère de l'idolâtrie qui nous fait adorer les créatures. Il poursuit en soutenant qu'« adorer c'est reconnaître dans la foi que Dieu seul est Seigneur et que notre vie, le chemin de l'Eglise, le destin de l'histoire dépendent de la tendresse de son amour »[20]. C'est une exhortation opportune pour l'Église et pour la jeunesse chrétienne de plus en plus attirée par l'adoration, afin qu'elle confirme leur adhésion à Jésus et chemine avec lui vers une vie heureuse.

S'approcher de l'Eucharistie dans la dignité

En présence de l'Eucharistie, le chrétien est invité à adopter une attitude et des gestes qui témoignent le respect, la considération et la vénération. C'est Jésus qui est présent dans le pain et le vin consacrés pendant la messe. Lorsque ce pain est exposé pour l'adoration des fidèles, l'on ne peut s'en approcher sans faire la génuflexion comme le rappelle le rituel : « En présence du Saint-Sacrement, qu'il soit conservé dans le tabernacle ou exposé à l'adoration publique, on ne fait la génuflexion que d'un seul genou »[21] L'Apôtre Paul, dans son Épître aux Philippins nous invite à honorer le Christ parce que «…Dieu l'a souverainement élevé, et lui a donné le nom qui est au-dessus de tout nom, afin qu'au nom de Jésus tout genou fléchisse dans les cieux, sur la terre et sous la terre, et que toute langue confesse que Jésus-Christ est Seigneur, à la gloire de Dieu le Père » (Phil 2,9-11).

---

[19] Augustin d'Hippone, Enarrationes in Psalmos, 98,9, Dictionnaire Jésus, p. 16, §3.

[20] Pape François, Homélie prononcée lors de la messe de clôture de la première phase du synode sur la synodalité, Cité du Vatican, 20 octobre 2023, disponible sur : Vatican.va, consulté le 30 octobre 2023.

[21] Congrégation pour le culte divin, Rituel de l'Eucharistie en de hors de la messe, 2e édition, nn. 84, Desclée-Mame, 1996,

En plus, le Rituel recommande d'autres dispositions pratiques afin que la dévotion à l'Eucharistie se fasse en toute dignité : « Dans l'exposition du Saint-Sacrement faite avec l'ostensoir, on allume autant de cierges que pour la messe (au moins deux, ou quatre ou six) et l'on emploie l'encens là où c'est l'usage. Dans l'exposition avec le ciboire, on allume au moins deux cierges, et l'on peut employer l'encens »[22]. Les gestes de vénération renforcent notre confiance en la présence du Seigneur dans le Saint-Sacrement. Notre conviction que Jésus se fait présent en tout moment où est consacré le pain et le vin selon les dispositions de l'Église, doit nous pousser à developper en nous des bons réflexes : faire la génuflexion devant le tabernacle contenant les hosties, devant l'Eucharistie exposée sur l'autel...

Dans un monde où l'homme ne peux plus se passer du téléphone, plusieurs chrétiens sont tentés de transformer leurs adorations en temps de divertissement où ils manipulent incessamment leurs téléphones sous prétexte de trouver un beau texte ou la bonne prière. Pour d'autres, le moment d'adoration devient l'occasion propice pour répondre aux messages watsapp, sms, etc. Le téléphone s'impose partout, même en rang en allant communier. L'on voit beaucoup de fidèles interrompre la messe ou l'adoration pour répondre aux appels, et très souvent avec des attitudes qui dérangent les autres participants. D'autres encore pensent que les moments de silence pendant la messe ou l'adoration sont des occasions pour converser avec le voisin ou murmurer, jusqu'à briser le silence. Qui agit ainsi, est-il vraiment conscient de la particularité d'un moment de la messe ou de l'adoration ? Peut-on vraiment rencontrer Dieu dans un tel climat ?

L'adoration eucharistique, beaucoup encouragée par l'Église, peut paraître comme un exercice spirituel difficile à pratiquer. En effet, plusieurs personnes se plaignent du manque de concentration. C'est une évidence à laquelle il faut faire face en cherchant à la vaincre progressivement grâce à des astuces qui favorisent la concentration. Dans une adoration personnelle ou en groupe, la lecture d'un texte d'évangile choisi en avance peut être une bonne stratégie pour garder sa pensée sur le Christ présent dans l'Eucharistie. C'est dans cette raison que nous avons réservé une place importante aux textes bibliques dans les schémas d'adoration que nous proposons dans ce livre.

[22] Idem, nn. 85

L'adoration du Saint-Sacrement et le Rosaire

Essayons de répondre à la question que certains fidèles nous posent : est-il convenable de prier le rosaire en présence du Saint Sacrement exposé ? Nous répondons simplement réserver un temps pour chacune des dévotions est une bonne pratique. Toutefois, dans certaines circonstances il peut être intéressant de méditer les mystères du Rosaire pendant l'adoration eucharistique. Cette pratique a été encouragée par le Pape Jean Paul II : « Le Rosaire lui-même, entendu dans son sens le plus profond, biblique et christocentrique, pourra être une voie particulièrement adaptée à la contemplation eucharistique, réalisée en compagnie de Marie et à son école »[23]. Selon notre compréhension, il s'agit bien d'une possibilité, mais non d'une norme. L'on devrait avoir à l'esprit que là où est Jésus, Marie est dans l'attitude d'écoute, elle laisse agir son Fils : « Faite tout ce qu'il vous dira » (Jn 2,5), dit-elle aux serviteurs à Cana. Par conséquent, nous réitérons notre invitation à lire le *Rituel du culte de l'Eucharistie en dehors de la messe* pour acquérir des bonnes pratiques.

[23] Jean Paul II, Mane nobiscum Domine, n.18, §2, 7 octobre 2004

Troisième partie

Quelques textes pour adorer le Saint Sacrement

Il existe plusieurs méthodes d'adoration eucharistique, mais, c'est pour un seul objectif : vénérer Jésus-Christ en sa présence sacramentelle. Au 19e siècle, Pierre Julien Eymard, fondateur de la congrégation du Saint Sacrement et des Servantes du Très Saint sacrement, avait proposé à ses religieux/religieuses une méthode d'adoration appelée la méthode de quatre fins du sacrifice. Elle consiste à diviser l'heure d'adoration en quatre quarts d'heure correspondant à l'adoration, l'action de grâce, la propitiation et la supplication.[24] Parlons-en plus.

Pendant le premier quart d'heure (adoration), le dévot se met en présence du Seigneur à travers un choix de posture favorable à la prière. Il s'agit de la disposition corporelle et mentale. Saint Pierre Julien Eymard a désigné ce moment hommage extérieur à Jésus ; il favorise la concentration et la rencontre avec Jésus dans le saint sacrement. Le deuxième quart d'heure (adoration) consiste à dire merci à Jésus pour tout le bien en notre faveur, pour l'amour qu'il nous a manifesté à travers le sacrifice de sa vie. Le troisième quart d'heure est celui de la propitiation ou du pardon. C'est en ce moment que l'on implore le pardon des péchés et de tant d'indifférences et sacrilèges dont est notre Seigneur dans l'Eucharistie. Le dernier quart d'heure, la supplication, est consacré aux demandes en faveur de l'église, la société et pour les autres nécessités du monde pour que croisse le règne de Dieu sur terre.

Saint Pierre Julien Eymard associe la Très Sainte Vierge Marie à l'adoration. Celle qu'il avait surnommée Notre Dame du Très Saint Sacrement, est présentée comme modèle des adorateurs. Il pensait qu'associer la Vierge Marie à notre heure d'adoration, c'est rendre notre hommage et prière efficaces, c'est revisiter le Cénacle où la Mère de Dieu a accompagné les Apôtres, elle-même assidue dans la prière. Avec elle, son Fils Jésus nous écoute mieux. Enfin, en proposant cette méthode, saint Pierre Julien Eymard voulait que l'Eucharistie soit adorée dans le même esprit que la messe.

Préliminaire à l'usage des textes

Les textes que nous proposons s'inspirent de la méthode de quatre fins du sacrifice enseignée par saint Pierre Julien Eymard à ses religieux, aux servantes et

---

24 Extrait de la « Divine Eucharistique », tome 1 sur la présence Réelle de St Pierre-Julien Eymard, disponible sur : https://adorationantony.com/methode-dadoration-par-les-quatre-fins-du-saint-sacrifice-de-la-messe-saint-pierre-julien-eymard/#:~:text=On%20divise

laïcs agrégés du Saint-Sacrement. Dans ces schémas, une grande importance est accordée à l'adoration silencieuse et la lecture de la Parole de Dieu. Car, c'est dans le silence que le Seigneur nous parle. Et l'adoration est avant tout un hommage silencieux. Les lectures bibliques que nous proposons peuvent être remplacées par d'autres selon l'intention de l'adorateur ou le contexte. Certains textes de réflexion peuvent nécessiter un développement ou substitués par des réflexions personnelles ou des commentaires adaptés, sans que cela n'occupe tout le temps de l'adoration (de préférence 5 minutes). Dans une adoration en groupe, l'insertion des chants favorise le bon climat de prière. Toutefois, l'on veillera que les chants soient adaptés au moment qu'il accompagne et exécutés avec piété.

Notons qu'une adoration accompagnée d'un document comme celui-ci nécessite une préparation préalable pour l'appropriation du texte et son adaptation. Cela éviterait toute *récitation machinale* des textes. L'on trouvera quelques oraisons populaires à l'intérieur de quelques schémas et des rubriques qui annoncent les moments de silence, d'adoration personnelle, etc.

Les schémas se réfèrent aux différents Temps liturgiques : Avent, Noël, Carême, Pâques, Ordinaire. Nous y avons aussi proposé quelques schémas adaptés à certaines circonstances, comme pour l'unité de la famille, la paix, les vocations et le deuil.

Voici l'ordre standard à certains schémas :

- *Signe de la Croix,*
- *Chant de l'exposition ou louanges,*
- *Oraison initiale,*
- *Invocation au Saint Esprit,*
- *Écoute de la Parole de Dieu,*
- *Réflexion,*
- *Examen de conscience,*
- *Demande de pardon,*
- *Supplication,*
- *Oraison finale,*
- *Bénédiction,*
- *Louange finale,*
- *Antienne ou chant à la Sainte Vierge Marie.*

Adoration pour le Temps de l'Avent

Pourquoi parle-t-on de l'Avent ? Le mot Avent vient du latin adventus et signifie "venir", même s'il est perçu par tous comme un temps d'"attente". Dans la liturgie, le temps de l'Avent marque le début de la nouvelle année liturgique, qui s'achève avec la fête du Christ-Roi de l'univers et commence précisément avec la célébration des premières vêpres le premier dimanche de l'Avent. L'Avent se réfère aussi bien à la Nativité du Christ qu'à son dernier Avènement, c'est-à-dire à la fin du monde où il viendra dans la gloire, pour juger les vivants et les morts. L'adoration du Temps d'Avent se fait dans une dynamique d'attente, mais une attente dans la présence. Car le Christ présent sacramentellement dans l'Eucharistie est le même qui viendra dans sa gloire comme nous le répétons dans l'anamnèse au moment de la consécration.

Proposition 1

« Sois sans crainte, Marie, car tu as trouvé grâce, auprès du Seigneur » (Lc 1,30)

Marie est l'une des figures marquantes de l'Avent. Son oui au projet de Dieu fait d'elle une modèle de disponibilité et de service à Dieu, une disponibilité sans conditions. Au cours de cette adoration, nous serons accompagnés de Marie pour découvrir la vraie obéissance à Dieu, l'obéissance dont celle du Christ sera la référence. En effet, c'est pr obéissance que Jésus assuma la condition humaine. Mort et ressuscité, il nous laissa le mémorial de sa Passion.

- *Signe de la Croix*
- *Chant d'adoration*
- *Adoration silencieuse*

Oraison initiale

Infuse ta Grâce dans notre Esprit, ô Père, toi qui, à l'annonce de l'ange, nous as révélé l'incarnation du Christ ton Fils, tu nous guides par sa passion et sa croix jusqu'à la gloire de la résurrection. Par notre Seigneur Jésus-Christ, ton Fils, qui est Dieu, qui vit et règne avec toi, dans l'unité du Saint-Esprit, pour les siècles des siècles. Amen.

Invocation au Saint Esprit

Esprit Saint, Esprit de paix, d'amour et de communion, descends sur nous. Tu es l'Esprit qui a parlé par les prophètes, et qui parle dans le cœur de tout homme et femme, tu es l'Esprit qui a insufflé la vie dans le sein de Marie, tu es l'Esprit qui, à Noël, a livré le Christ au monde. Esprit Saint, comme tu l'as fait avec les bergers de Bethléem, conduis-nous aussi à la rencontre du Christ Jésus. Demande à notre Mère Marie de déposer le Christ aussi entre nos mains. Esprit Saint, après cette adoration, apprends-moi à retourner à ma vie quotidienne, plein de joie, pour annoncer la vie nouvelle que j'y aurais puisée.

- *Adoration silencieuse*

Écoute de la Parole de Dieu

❖ **De l'évangile selon saint Luc** 1,26 - 38

Le sixième mois, l'ange Gabriel fut envoyé par Dieu dans une ville de Galilée, appelée Nazareth, à une jeune fille vierge, accordée en mariage à un homme de la maison de David, appelé Joseph ; et le nom de la jeune fille était Marie. L'ange entra chez elle et dit : « Je te salue, Comblée-de-grâce, le Seigneur est avec toi. » À cette parole, elle fut toute bouleversée, et elle se demandait ce que pouvait signifier cette salutation. L'ange lui dit alors : « Sois sans crainte, Marie, car tu as trouvé grâce auprès de Dieu. Voici que tu vas concevoir et enfanter un fils ; tu lui donneras le nom de Jésus. Il sera grand, il sera appelé Fils du Très-Haut ; le Seigneur Dieu lui donnera le trône de David son père ; il régnera pour toujours sur la maison de Jacob, et son règne n'aura pas de fin. » Marie dit à l'ange : « Comment cela va-t-il se faire puisque je ne connais pas d'homme ? » L'ange lui répondit : « L'Esprit Saint viendra sur toi, et la puissance du Très-Haut te prendra sous son ombre ; c'est pourquoi celui qui va naître sera saint, il sera appelé Fils de Dieu. Or voici que, dans sa vieillesse, Élisabeth, ta parente, a conçu, elle aussi, un fils et en est à son sixième mois, alors qu'on l'appelait la femme stérile. Car rien n'est impossible à Dieu. » Marie dit alors : « Voici la servante du Seigneur ; que tout m'advienne selon ta parole. » Alors l'ange la quitta.

Réflexion

Dans cet évangile, nous trouvons deux témoignages de fidélités : la fidélité de Dieu qui tient les promesses faites à David (le don de la descendance) et la fidélité de Marie qui accueille la Parole de Dieu avec une disponibilité totale et définitive (sa réponse est : oui !). C'est l'annonce que Dieu sauve, Dieu appelle et confie à une créature libre une tâche dans l'œuvre du salut. Toute la Trinité : le Père, le Fils et le Saint-Esprit sont présents pour apporter le salut, et Marie entre librement dans cet acte de salut. Le récit est résumé par deux expressions : l'entrée de l'ange dans le lieu où se trouve Marie et son départ. L'ange Gabriel est entré chez elle. Il est beau de penser que Dieu nous touche, nous touche dans notre vie quotidienne, dans notre maison.

Le premier moment (28-29) raconte comment Dieu a agi en Marie : Le Seigneur est avec toi. L'ange prononce trois fois une parole de joie, une parole contre la peur : "n'aie pas peur" ; "l'Esprit viendra et tu enfanteras un fils…". L'ange propose les trois mots absolus : la joie, la fin de toute crainte et la vie : "réjouis-toi", "ne crains pas", "voici la vie qui vient". L'invitation à la joie est motivée par ce que Dieu a déjà agit et continue d'agir en Marie. En retraçant son histoire, Marie est invitée à découvrir pourquoi Dieu l'a comblée de grâce : Dieu l'appelait à une tâche très difficile à accomplir, au-delà des forces humaines, et donc impossible, si la personne est laissée à elle-même. Dieu, cependant, sera toujours avec elle, lui permettant continuellement d'accomplir sa mission : être Mère du Messie, Mère-Vierge du Fils de Dieu. L'ange, comme pour Marie, nous assure que les signes de l'approche de Dieu sont les suivants : la joie se multiplie, la peur se dissout, la vie resplendit, la mission naît aussi pour nous, que nous ne pourrons accomplir qu'avec l'aide continue qui nous est assurée.

Dans le deuxième moment (30-34), l'ange explique. Elle sera mère, elle aura un fils qui sera le descendant de David, le Messie. Mais comment tout cela sera-t-il possible, étant donné sa situation actuelle de virginité. Elle se présente devant Dieu avec toute sa dignité humaine, avec sa maturité de femme, avec son besoin de comprendre. Vierge-marié : deux termes qui expriment une tension et interrogent la relation Marie-Joseph. La condition de vierge ou de mariée prévaudra-t-elle ? À première vue, il semblerait que le statut de mariée prévaudrait puisque Joseph est dit être un descendant de David, et que le Messie est un descendant de David. Joseph a du poids dans le récit et ne peut être négligé, car Marie, qui lui est fiancée, a des devoirs d'épouse.

Au troisième moment (35-38), l'ange lui dit qu'elle n'aura pas de relations avec un homme, mais que tout en elle sera l'œuvre de Dieu : elle sera Mère. L'Esprit Saint, qui est la puissance du Très-Haut, agira en elle, excluant toute intervention humaine. La nuée était le signe de la présence de Dieu. Maintenant, Marie devient le vrai Tabernacle, la vraie Arche d'Alliance, le Saint des Saints : en elle se réalise pleinement la présence de Dieu parmi les hommes. Marie croit ce qu'on lui a dit et, dans sa réponse, elle exprime sa foi joyeuse. Me voici : en Marie, il y a un désir joyeux de collaborer ("servante") à ce que Dieu veut d'elle : c'est la joie de l'abandon total à la volonté divine.

L'histoire de Marie est aussi notre histoire. Dieu nous appelle aussi à être des instruments de salut. Devenu temple de la présence de Dieu dans le baptême, la grâce reçue doit continuer à devenir un don. En tant que chrétien, disciple du Christ, je suis appelé à continuer à apporter Jésus dans la vie de chaque personne. Après avoir écouté et compris ce qu'advint à Marie, nous disons notre "me voici", apportant au monde la vraie joie qui vainc toutes les peurs.

Demande de pardon

- *Examen de conscience personnel suivi de la récitation du psaume 24*

❖ **Psaume 24**

Vers toi, Seigneur, j'élève mon âme, vers toi, mon Dieu.
Je m'appuie sur toi : épargne-moi la honte ;
ne laisse pas triompher mon ennemi.

Pour qui espère en toi, pas de honte,
mais honte et déception pour qui trahit.
Seigneur, enseigne-moi tes voies,
fais-moi connaître ta route.

Dirige-moi par ta vérité,
enseigne-moi, car tu es le Dieu qui me sauve.
C'est toi que j'espère tout le jour en raison de ta bonté, Seigneur.
Rappelle-toi, Seigneur, ta tendresse, ton amour qui est de toujours.

Oublie les révoltes, les péchés de ma jeunesse ;

dans ton amour, ne m'oublie pas.
Il est droit, il est bon, le Seigneur,
lui qui montre aux pécheurs le chemin.

Sa justice dirige les humbles, il enseigne aux humbles son chemin.
Les voies du Seigneur sont amour et vérité
pour qui veille à son alliance et à ses lois.
A cause de ton nom, Seigneur, pardonne ma faute: elle est grande.

- *Adoration silencieuse*

Supplication

- *Intentions libres.*
- *Prière du Seigneur Notre Père*

Oraison finale

Seigneur Tout-puissant, qui as fait de moi un compagnon de route, exauce mes désirs et fais que, brûlant de ton Esprit, je brille comme une lampe devant ton Christ qui vient. Lui qui vit et règne pour les siècles des siècles. Amen.

Bénédiction +

Louange au Saint Sacrement

R/- À toi louange et gloire éternellement !

Jésus, source du vrai amour et d'unité. R/-
Jésus, espérance des affligés. R/-
Jésus, secours des accablés. R/-
Jésus, force des faibles. R/-
Jésus, résurrection des morts. R/-
Jésus, lumière du monde. R/-
Jésus, chemin de la résurrection. R/-
Jésus, pain rompu pour un monde nouveau. R/-
Jésus, source d'unité. R/-
Jésus-Christ, Roi de l'univers. R/-

Proposition 2

« C'est la voix de celui qui crie dans le désert : préparez le chemin pour le Seigneur » (Mc 1,3)

L'on ne peut vivre le Temps de l'Avent sans se laisser guider per une figure emblématique dans la venue du Messie, le prophète qui a réveillé la foi du peuple à l'avènement du Messie. En effet, Jean Baptiste a annoncé la venue de Jésus et l'a indiqué de sa main : « Voici l'Agneau de Dieu, qui enlève le péché du monde » (Jn 1,29). Cette révélation de Jésus, faite par le Baptiste, préannonce le destin terrestre de Jésus qui sera signe de réconciliation entre l'homme et Dieu le Père. Dans le mystère de l'Eucharistie Jésus s'offre entre les mains du prêtre. Dans le pain rompu, il se donne comme nourriture qui comble la faim des hommes et des femmes.

- *Signe de La Croix*
- *Chant d'adoration*

- ***Monition***

L'Avent est le temps qui nous appelle à ouvrir de nouveaux chemins d'espérance dans nos vies ; un temps d'écoute de la parole de Dieu, pour disposer nos cœurs à une conversion renouvelée. La voix prophétique du Baptiste qui crie dans le désert résonne avec force : "Préparez le chemin du Seigneur". Accueillons notre Sauveur dans ce Pain eucharistié pour recevoir la capacité de discerner et d'indiquer aux autres le bon chemin qui mène à la vérité et la vie.

- *Adoration silencieuse*

Oraison initiale

Seigneur, rassemblés en ta présence, nous adorons ta grandeur et ton humilité. Conscient de notre petitesse et de ton amour, nous venons te rendre hommage dans la reconnaissance de ton œuvre salvatrice. Sois bénis aujourd'hui et toujours, ô toi notre rédempteur présent dans ce pain consacré. Sois loué, divin compagnon, depuis cet autel terrestre où nous te croyons accueillir l'expression de notre pauvreté à travers nos corps, nos cœurs, nos paroles et notre silence.

- *Prions avec le psaume 24*

❖ Psaume 24

R/ : Vers toi, Seigneur, j'élève mon âme, vers toi, mon Dieu.

Seigneur, enseigne-moi tes voies,
fais-moi connaître ta route.
Dirige-moi par ta vérité, enseigne-moi,
car tu es le Dieu qui me sauve.

Il est droit, il est bon, le Seigneur,
lui qui montre aux pécheurs le chemin.
Sa justice dirige les humbles,
il enseigne aux humbles son chemin.

Les voies du Seigneur sont amour et vérité
pour qui veille à son alliance et à ses lois.
Le secret du Seigneur est pour ceux qui le craignent ;
à ceux-là, il fait connaître son alliance.

- *Adoration silencieuse*

Ecoute de la parole de Dieu

❖ **De l'évangile selon saint Luc** 3, 1- 6

La quinzième année du règne de Tibère César, lorsque Ponce Pilate était gouverneur de la Judée, Hérode tétrarque de la Galilée, son frère Philippe tétrarque de l'Iturée et du territoire de la Trachonite, Lysanias tétrarque de l'Abilène, et du temps des souverains sacrificateurs Anne et Caïphe, la parole de Dieu fut adressée à Jean, fils de Zacharie, dans le désert. Et il alla dans tout le pays des environs de Jourdain, prêchant le baptême de repentance, pour la rémission des péchés, selon ce qui est écrit dans le livre des paroles d'Ésaïe, le prophète: C'est la voix de celui qui crie dans le désert: Préparez le chemin du Seigneur, Aplanissez ses sentiers. Toute vallée sera comblée, Toute montagne et toute colline seront abaissées; Ce qui est tortueux sera redressé, Et les chemins raboteux seront aplanis. Et toute chair verra le salut de Dieu.

Réflexion

Dieu entre dans l'histoire des hommes. L'évangéliste Luc insiste particulièrement sur cet aspect historique du salut. Dieu entre dans l'histoire humaine pour la transformer en histoire du salut. Luc veut nous annoncer que le salut de Dieu n'est pas une idéologie, une série de belles idées ou de principes moraux, mais un événement, un fait, et en particulier l'arrivée parmi nous d'une personne, Jésus, le Fils de Dieu. Voici donc la figure de Jean-Baptiste, le fils de Zacharie et d'Élisabeth, le prophète qui précède la venue du Seigneur authentique, un prédicateur libre, libre donc, d'accueillir le Dieu qui vient, de manière inattendue, au-delà des schémas et des pensées de chacun, et par conséquent habilité à l'annoncer.

« *La voix de celui qui crie dans le désert* ».

Selon la tradition biblique, le désert est le lieu où Dieu a parlé au cœur de son peuple, le lieu où Dieu a été plus que jamais un berger attentif et sûr sur le chemin de la vie. Ainsi, dans le désert, Jean rappelle au peuple d'Israël sa vocation, son appartenance au Dieu fidèle et miséricordieux qui l'appelle à la conversion. Dans le désert, il les invite à ouvrir de nouveaux chemins, à abandonner ceux qui sont tordus, à redresser ou à restaurer ceux qui sont maintenant confus ou perdus, afin qu'ils puissent à nouveau rencontrer le visage de Dieu qui sauve et qui se manifeste maintenant en la personne de Jésus. Aujourd'hui encore, le Baptiste nous invite à refaire l'expérience du désert dans notre vie. Une vie parfois trop distraite et remplie de choses inutiles ou nuisibles, incapable de reconnaître ce qui compte et quelles sont les vraies valeurs de l'existence. Le désert biblique devient le lieu et la condition idéale pour accueillir la Parole de Dieu, pour commencer un chemin de conversion, pour retourner faire alliance avec le Seigneur, pour renouveler l'expérience de l'exode et se mettre en route vers Celui qui vient à notre rencontre.

- *Adoration silencieuse*

Demande de pardon

- *Examen de conscience*

Mon Dieu, face à ton amour infiniment bon, je me représente ma situation et ma condition où les péchés m'ont plongé. Je reconnais d'avoir mal agit devant toi et mes frères et sœurs. Mon comportement n'a pas honoré ta Sainte Présence, l'Eucharistie, que j'ai peu aimée et adorée. Mais je sais que tu es un Père Miséricordieux, qui reprend avec douceur les pénitents convertis. Accueille-moi, donc, dans tes bras, car je veux cheminer avec toi, pour être en sécurité. Ô Jésus mon Sauveurs, intercède pour moi.

- *Adoration silencieuse*

Supplication

En ce temps de l'Avent, nous sommes appelés à ouvrir de nouveaux chemins et de nouvelles formes d'écoute et d'accueil. Que le Seigneur nous aide à redécouvrir un engagement renouvelé dans la prière, dans l'écoute de la Parole de Dieu et dans la volonté de tisser de nouvelles relations d'amitié et de paix. Afin de nous rendre disponibles pour marcher sur les chemins de Dieu, prions :
R/- *Christ, donne-nous un cœur simple.*

Pour qu'en tant que chrétiens nous retrouvions la conscience d'appartenir au peuple de Dieu en marche vers le Royaume, prions. R/

Pour que l'Eglise soit un signe d'unité et de paix, une communauté accueillante pour tous, prions. R/

Pour que la Parole de Dieu, reçue dans la foi, nous donne la capacité de discerner les valeurs les plus authentiques et la force de les réaliser dans notre vie, prions. R/

Pour que notre vie soit radicalement orientée vers une disponibilité totale au service de l'amour de Dieu et de l'homme, prions. R/

Pour que, renouvelés par l'écoute de la Parole, nous puissions suivre le Christ sur son chemin de don et d'amour, prions. R/

Pour que nous croyions que Dieu est plus fort que nos infidélités et que nous trouvions toujours la force de recommencer, prions. R/

Pour que, dans les épreuves de la vie, nous puissions expérimenter l'aide de Dieu dans chaque événement de notre histoire, prions. R/

- *Intentions libres*
- *Prière du Seigneur : Notre Père qui es aux cieux.*

Oraison finale

Seigneur Dieu, Père des humbles et des pauvres, qui appelles tous à partager la paix et la joie de ton royaume, montre-nous ta bonté, donne-nous un cœur pur et généreux pour préparer le chemin du Sauveur qui vient. Par ce même Jésus-Christ, notre Seigneur. Amen.

Antienne à la Vierge Marie

Ô Sainte et glorieuse Mère, modèle des adorateurs, je vieux vous offrir, au terme de cette adoration, nous nous tournons vers toi, te priant de renforcer nos hommages et nos supplications que nous venons d'adresser à ton divin Fils, notre Seigneur, afin qu'il nous soit favorable et nous comble de ses bienfaits. Amen.

Proposition 3

« Convertissez-vous car le royaume de Dieu est proche » (Mt 3,2)

Le Temps de l'Avent concentre la préparation à la Nativité de Jésus. L'appel à la conversion est une invitation à retourner vers le Seigneur. En ce Temps, la prière demeure un bon moyen pour rencontrer Dieu au quotidien. Ainsi, en cette adoration c'est Jésus Lui-même qui nous attire vers Lui pour nous instruire et nous transformer en artisans de réconciliation.

- *Chant d'adoration*
- *Signe de La Croix*
- *Louange initiale :*

(A: Animateur, T : assemblée)

A. Béni soit le saint nom de Jésus
T. Dans le Très Saint Sacrement
A. Bénissons Dieu notre père qui, dans sa bonté, nous appelle à sa table.
T. Béni soit Dieu à jamais.
A. Le Seigneur donne la paix à son Église.
T. Il nous nourrit de la fleur du blé.
A. Nous te rendons grâce Seigneur Dieu tout-puissant
T. Qui est et qui était
A. Car tu as déployé ta grande puissance,
T. Et tu as établi ton règne.
A. Tu as nourri ton peuple de la nourriture des anges,
T. Tu leur as donné le pain du ciel.

T. Seigneur Jésus-Christ, qui dans l'admirable sacrement de l'Eucharistie, tu nous a laissé le mémorial de ta Pâque, fais-nous adorer avec une foi vive le saint mystère de ton Corps et de ton Sang, afin que nous sentions toujours en nous les bienfaits de la rédemption. Tu es Dieu, tu vis et règnes avec Dieu le Père et le Saint-Esprit pour les siècles des siècles. Amen.

- *Adoration silencieuse*

Parole de Dieu

❖ **De l'évangile selon Matthieu** 3,1-3

En ces jours-là, paraît Jean le Baptiste, qui proclame dans le désert de Judée : « Convertissez-vous, car le royaume des Cieux est tout proche. »… Alors Jérusalem, toute la Judée et toute la région du Jourdain se rendaient auprès de lui, et ils étaient baptisés par lui dans le Jourdain en reconnaissant leurs péchés.

Réflexion

Jean Baptiste prépare la visite du Seigneur. Une visite est quelque chose qui se prépare. Ne pas bien accueillir le Seigneur est assez grave, car nous perdons notre salut. Pour bien l'accueillir, Jean invite à la repentance, car le Royaume des cieux est proche. Il s'agit de mettre devant les voies de Dieu. Nous sommes amoureux de nos pensées, s'ouvrir à la pensée de Dieu est bienvenu en ce temps de l'Avent. L'invitation du Baptiste est un appel à revenir à Dieu. Pour se convertir, pour changer de direction, pour se tourner vers ce qui peut changer notre vie, d'une vie dissolue et malheureuse à une vie authentique et joyeuse, il est nécessaire de changer de mentalité, de changer de façon de penser, de tourner notre intérêt vers la voie de Dieu...

- *Réflexion personnelle et adoration silencieuse*

Demande de pardon

L'invitation pressante de Jean le Baptiste est un appel à la conversion en vue de l'accueil du Seigneur. C'est le même Jésus, ici présent symbolisé (sacrement), dans cette Eucharistie que nous accueillons, maintenant. Il est très discret, il attend que nous manifestions le désir de l'accueillir. La "voix qui crie dans le désert" n'est pas inaudible, elle atteint tout le monde et tout le monde en vient à comprendre et à se repentir. Lorsqu'une personne est authentique, les gens le sentent et viennent vers elle pour se faire guider vers une vie authentique et digne. Une voix qui crie ne résonne que dans le désert de notre vie, une vie qui, une fois purifiée du péché en vertu de l'œuvre rédemptrice du Christ, attend de refleurir. Il arrive parfois que nous nous réfugions derrière nos bonnes œuvres ou notre dévotion personnelle et croire que cela suffit ; cependant L'Évangile nous dit que cela ne suffit pas, car il faut une véritable conversion, un changement radical, nourri par la foi, pour comprendre la vérité qui est une lumière éclatante.

- *Examen de conscience personnel*

T. «Je confesse à Dieu tout-puissant, je reconnais devant vous, frères et sœurs, que j'ai péché en pensée, en parole, par action et par omission ; oui, j'ai vraiment péché. C'est pourquoi je supplie la bienheureuse Vierge Marie, les anges et tous les saints, et vous aussi, frères et sœurs, de prier pour moi le Seigneur notre Dieu. »

- *Adoration silencieuse*

Supplication

Humbles et confiants, présentons nos demandes au Seigneur... (Intentions libres)

Notre Père qui es aux cieux…

Oraison finale

Regarde, ô Père, ton peuple qui professe sa foi en Jésus-Christ, né de la Vierge Marie, crucifié et ressuscité, présent dans ce saint sacrement, et fais qu'il puise à cette source de toute grâce des fruits de salut éternel. Par le Christ notre Seigneur. Amen.

Bénédiction +

Louange conclusive

A. J'élèverai la coupe du salut
T. Et j'invoquerai le nom du Seigneur.
A. Rendons gloire au Seigneur notre Dieu
T. Nous chanterons sans fin ses louanges
A. Nous exaltons sa fidélité
T. Nous proclamons sa gloire
A. O Banquet si sacré où le Christ est la nourriture.
T. Nous célébrons le mémorial de sa sainte passion.
A. Notre esprit est rempli de sa grâce.
T. Nous avons reçu le gage de la gloire éternelle
A. Nous reconnaissons et croyons.
T. L'amour de Dieu pour nous.

Antienne à la Très Sainte Vierge Marie

Sainte Vierge Marie, Adoratrice de tous les temps, nous remercions avec toi Jésus ton Fils : Ô notre Dame du Très Saint Sacrement, intercède pour nous auprès de ton Fils, Notre Seigneur (3 fois).

Adoration pour le Temps de Noël

La Fête de Noël, appelée, à tort ou à raison, fête des enfants, rappelle aux chrétiens la nativité de notre Seigneur. Elle est célébrée le 25 décembre de chaque année. Noël revêt une grande importance dans la vie chrétienne. La présence des anges qui chantent la gloire de Dieu, les bergers qui viennent adorer le nouveau-né et le couple Joseph et Marie qui accueillent leur premier-né, témoignent de la particularité de cet anniversaire et nous rappelle la valeur de l'adoration due au Fils de Dieu (Luc 2,1-20). C'est, donc, un moment propice, qui nous invite à adorer Dieu parmi nous, l'Emmanuel que les trois Mages adoreront à leur tour. L'adoration eucharistique en temps de Noël réunit en elle seule le mystère de l'incarnation et celui de la mort et résurrection du Seigneur.

Proposition 1

« Gloire à Dieu au plus haut des cieux, et paix sur la terre aux hommes, qu'Il aime. »
(Luc 2,14)

À sa naissance, l'enfant Jésus a reçu la vénération de Marie et Joseph, des anges et des pasteurs. À l'adoration eucharistique, nous actualisons ces honneurs à celui en qui le salut est entrée au monde. Adorer le Saint-Sacrement nous introduit dans la prière des anges qui incessamment adorent Jésus mort, ressuscité et établi, par Dieu, Roi de l'univers.

- *Signe de la Croix*
- *Chant d'exposition*
- *Louange au Très Saint Sacrement :*

A. Soit loué et remercié à tout instant :
T. **Le très saint et divin Sacrement.**
A. Gloire au Père, et au Fils, et au Saint-Esprit :
T. **Comme il était au commencement, maintenant et pour les siècles des siècles. Amen.**
A. Je t'adore à chaque instant :
T. **Ô Pain vivant venu du ciel.**
A. Gloire au Père, et au Fils, et au Saint-Esprit :
T. **Comme il était au commencement, maintenant, et pour les siècles des siècles. Amen.**
A. Je t'adore à chaque instant :
T. Ô **Pain vivant venu du ciel.**

Oraison initiale

J'adore ton corps glorieux, ô Christ, qui es venu au monde dans la chair en naissant de la Vierge Marie ; tu as souffert et tu es mort pour nous sur la Croix. De ton côté percé, tu as versé l'eau et le sang de notre rançon. Réconforte-moi dans ma situation actuelle et à l'heure où je quitterai cette vie avec la confiance que je vivrai en toi dans l'éternité. Augmente ma foi, Seigneur Jésus.

- *Adoration silencieuse*

❖ Psaume 138

(*Dans une adoration communautaire, ce psaume peut être récité en deux chœurs.)*

Tu me scrutes, Seigneur, et tu sais !
Tu sais quand je m'assois, quand je me lève ;
de très loin, tu pénètres mes pensées.
Que je marche ou me repose, tu le vois, tous mes chemins te sont familiers.

Avant qu'un mot ne parvienne à mes lèvres,
déjà, Seigneur, tu le sais.
Tu me devances et me poursuis,
tu m'enserres, tu as mis la main sur moi.

Savoir prodigieux qui me dépasse,
hauteur que je ne puis atteindre !
Où donc aller, loin de ton souffle ?
où m'enfuir, loin de ta face ?
Je gravis les cieux : tu es là ;
je descends chez les morts : te voici.

Je prends les ailes de l'aurore et me pose au-delà des mers :
Même là, ta main me conduit, ta main droite me saisit.
J'avais dit : « Les ténèbres m'écrasent ! »
mais la nuit devient lumière autour de moi.

Même la ténèbre pour toi n'est pas ténèbre,
et la nuit comme le jour est lumière !
C'est toi qui as créé mes reins,
qui m'as tissé dans le sein de ma mère.

Je reconnais devant toi le prodige,
l'être étonnant que je suis :
étonnantes sont tes oeuvres toute mon âme le sait.

- *Adoration silencieuse*

Invocation au Saint Esprit

Esprit Saint, force transformante et chaleur qui redynamise, penche-toi vers moi e apprends-moi à être docile à tes conseils, tes pensées et tes inspirations. Écarte le voile de l'ignorance, la tiedeur dans les engagements, la paraisse dans la prière et l'ignorance en tes projets. Esprit de sagesse et de piété, viens et repose sur moi.

Parole de Dieu

❖ **De l'Évangile selon saint Luc 2,1-20**

En ces jours-là, parut un édit de l'empereur Auguste, ordonnant de recenser toute la terre – ce premier recensement eut lieu lorsque Quirinius était gouverneur de Syrie. Et tous allaient se faire recenser, chacun dans sa ville d'origine. Joseph, lui aussi, monta de Galilée, depuis la ville de Nazareth, vers la Judée, jusqu'à la ville de David appelée Bethléem. Il était en effet de la maison et de la lignée de David. Il venait se faire recenser avec Marie, qui lui avait été accordée en mariage et qui était enceinte. Or, pendant qu'ils étaient là, le temps où elle devait enfanter fut accompli. Et elle mit au monde son fils premier-né ; elle l'emmaillota et le coucha dans une mangeoire, car il n'y avait pas de place pour eux dans la salle commune. Dans la même région, il y avait des bergers qui vivaient dehors et passaient la nuit dans les champs pour garder leurs troupeaux. L'ange du Seigneur se présenta devant eux, et la gloire du Seigneur les enveloppa de sa lumière. Ils furent saisis d'une grande crainte. Alors l'ange leur dit : « Ne craignez pas, car voici que je vous annonce une bonne nouvelle, qui sera une grande joie pour tout le peuple : Aujourd'hui, dans la ville de David, vous est né un Sauveur qui est le Christ, le Seigneur. Et voici le signe qui vous est donné : vous trouverez un nouveau-né emmailloté et couché dans une mangeoire. » Et soudain, il y eut avec l'ange une troupe céleste innombrable, qui louait Dieu en disant : « Gloire à Dieu au plus haut des cieux, et paix sur la terre aux hommes, qu'Il aime. »

Réflexion

De l'extrait du message de Noël du Pape Benoît XVI :

« "Salvator noster " : telle est notre espérance; telle est l'annonce que l'Église fait retentir aussi en ce jour de Noël. Par l'Incarnation, rappelle le Concile Vatican II, le Fils de Dieu s'est en quelque sorte uni à tout homme (cf. *Gaudium et spes*, n. 22). C'est pourquoi la Naissance de la Tête est aussi la naissance du corps, comme le notait le Pape saint Léon le Grand. À Bethléem est né le peuple chrétien, corps mystique du Christ dans lequel tout membre est intimement uni aux autres dans une totale solidarité. Notre Sauveur est né pour tous. Nous devons le proclamer non seulement en paroles, mais aussi par toute notre vie, donnant au monde le témoignage de communautés unies et ouvertes, dans lesquelles règnent la fraternité et le pardon, l'accueil et le service mutuel, la vérité, la justice et l'amour.

Communauté sauvée par le Christ. Telle est la vraie nature de l'Église qui se nourrit de sa Parole et de son Corps eucharistique. C'est seulement en redécouvrant le don reçu que l'Église peut témoigner du Christ Sauveur à tous les hommes; elle le fait avec enthousiasme et passion, dans le plein respect de chaque tradition culturelle et religieuse ; elle le fait avec joie, sachant que Celui qu'elle annonce n'enlève rien de ce qui est authentiquement humain, mais qu'il le porte à son accomplissement. En vérité, le Christ ne vient détruire que le mal, que le péché; le reste, tout le reste, il l'élève et le porte à la perfection. Le Christ ne nous sauve pas de notre humanité, mais il nous sauve à travers elle, il ne nous sauve pas du monde, mais il est venu dans le monde pour que le monde soit sauvé par lui (cf. Jn 3, 17). Chers frères et sœurs, où que vous soyez, que ce message de joie et d'espérance vous rejoigne : Dieu s'est fait homme en Jésus Christ, il est né de la Vierge Marie et il renaît aujourd'hui dans l'Église. C'est lui qui porte à tous l'amour du Père céleste.

C'est lui le Sauveur du monde ! N'ayez pas peur, ouvrez-lui votre cœur, accueillez-le, pour que son Règne d'amour et de paix devienne l'héritage commun de tous ».[25]

- *Méditation personnelle e adoration silencieuse. On peut conclure ce moment par un chant.*

Demande de pardon

- *Examen de conscience suivi de la contrition.*

Je confesse à Dieu tout-puissant, Je reconnais devant vous, frères et sœurs, que j'ai péché en pensée, en parole, par action et par omission ; oui, j'ai vraiment péché. C'est pourquoi je supplie la bienheureuse Vierge Marie, les anges et tous les saints, et vous aussi, frères et sœurs, de prier pour moi le Seigneur notre Dieu.

Supplication

Les participants font librement les demandes, puis concluent avec la prière du Seigneur.

- *Notre Père qui es aux cieux...*

Oraison finale

Tu as tant aimé notre humanité, Seigneur, et tu nous as donné ton Fils, né de la Vierge Marie. Pour accomplir le dessein de ton amour pour nous, il s'est livré comme un agneau en nous laissant le mémorial de sa Passion, l'Eucharistie qui perpétue son œuvre rédemptrice parmi nous. Donne-nous, ô Père, de toujours l'adorer, afin que croisse, jour après jour, notre adhésion en Lui qui vit avec toi pour les siècles des siècles. Amen.

Bénédiction +

Antienne à la Très Sainte Vierge Marie

Je vous salue Marie, pleine de grâce ; le Seigneur est avec vous.
Vous êtes bénie entre toutes les femmes. Et Jésus, le fruit de vos entrailles, est béni.
Sainte Marie, Mère de Dieu, priez pour nous pauvres pécheurs,
Maintenant et à l'heure de notre mort. Amen.

[25] Pape Benoît XVI, Message de Noël, zénith, 25 décembre 2006, disponible sur : fr.zenit.org, consulté le 27 novembre 2023.

Proposition 2

« Les bergers repartirent ; ils glorifiaient et louaient Dieu pour tout ce qu'ils avaient entendu et vu » (Luc 2,20)

- *Signe de La Croix*
- *Chant d'adoration*

- ***Monition***

Fixer le regard sur l'enfant et reconnaître la présence de Dieu parmi nous : c'est Noël. Si Dieu est venu vers nous, nous célébrons son Mystère, nous devons l'accueillir. L'invitation nous vient du prophète Isaïe qui, des siècles plus tôt, avait prédit la naissance du Sauveur. Nous devons nous demander si notre cœur est vraiment tourné vers le Seigneur. C'est la condition qui nous permet de fixer nos yeux sur Lui avec une ferveur particulière et de transformer nos esprits et nos attitudes. Noël fait revivre l'événement qui a changé l'histoire de l'humanité.

Oraison initiale

(À réciter ensemble)

Béni sois-tu, ô Dieu, qui nous visites aujourd'hui. Nous avons besoin d'entendre ta Parole, de reconnaître ta visite, ta Présence. Nous te remercions pour ce silence d'amour qui nous permet d'écouter ton cœur en notre faveur. Que ton Esprit guide notre prière. Esprit Saint, descends sur nous, et fais de ce temps un temps de grâce pour nous et pour tous. Comme la Vierge Marie, donne-nous de garder la Parole. Fais que nous courions de tout notre cœur vers toi, que nous trouvions notre vie en toi et que nous demeurions avec toi dans ta maison.

- *Adoration silencieuse*

Hymne à l'Esprit Saint

R/ : Viens Esprit Saint, viens Esprit d'amour.

Viens, viens, Esprit d'amour, pour nous enseigner la volonté de Dieu. R/
Viens, viens, Esprit de paix, pour nous rappeler ce que Jésus nous a dit. R/
Viens, Esprit des quatre vents, et souffle sur ceux qui sont morts. R/
Viens, Esprit, et souffle sur nous, afin que nous vivions nous aussi. R/

Parole de Dieu

❖ **De l'Évangile selon Luc** 2, 16-21

En ce temps-là, les bergers se hâtèrent d'aller à Bethléem, et ils découvrirent Marie et Joseph, avec le nouveau-né couché dans la mangeoire. Après avoir vu, ils racontèrent ce qui leur avait été annoncé au sujet de cet enfant. Et tous ceux qui entendirent s'étonnaient de ce que leur racontaient les bergers. Marie, cependant, retenait tous ces événements et les méditait dans son cœur. Les bergers repartirent ; ils glorifiaient et louaient Dieu pour tout ce qu'ils avaient entendu et vu, selon ce qui leur avait été annoncé. Quand fut arrivé le huitième jour, celui de la circoncision, l'enfant reçut le nom de Jésus, le nom que l'ange lui avait donné avant sa conception.

Réflexion

Cette scène est digne de contemplation. Avec Marie, je m'émerveille devant cet enfant, le Fils de Dieu par qui tout existe (cf. Jn 1,3) et qui est ici dans une mangeoire. Marie l'y a déposé après l'avoir enveloppé de langes. C'est étonnant ! Personne n'aurait pu l'inventer, mais Dieu l'a voulu ainsi. Les bergers qui n'ont pas de statut social sont précisément ceux pour qui le Seigneur a une attention particulière. Ceux qui n'ont rien s'ouvrent au message de l'ange. Leur réponse est la joie et la louange pour le mystère d'Amour qui se révèle devant eux, un enfant vulnérable et deux parents inexpérimentés.
Adoration silencieuse

Supplication

- *Intentions libres*
- *Prière du Seigneur :* Notre Père qui es aux cieux…

Oraison finale

Seigneur, comme Marie, je trouve un espace dans ma vie encombrée simplement pour me reposer et être tranquille en ta présence. Le cœur de Marie était un espace sacré, et le mien l'est aussi. Remplis-le de la joie de ta présence. Père aimant, présent dans chaque nouveau départ, tu es avec nous dans toutes les nouvelles phases et circonstances de notre vie. Je te remercie d'être toujours présent pour nous en la personne de Jésus.

Bénédiction +

Antienne à la Vierge Marie

Salut, reine, mère de la miséricorde. Vie, douceur, espérance des hommes salut ! Enfants d'Ève, nous crions vers toi dans notre exil. Vers toi, nous soupirons parmi les cris et les pleurs de cette vallée de larmes. Ô toi, notre avocate, tourne vers nous ton regard plein de bonté. Et montre-nous Jésus le fruit béni de tes entrailles, à l'issue de cet exil. Ô clémente ! Ô bonne ! Ô douce Vierge Marie.

Proposition 3

« Le Verbe s'est fait chair et il est venu habiter parmi nous » (Jn 1,14)

- *Signe de La Croix*
- *Chant d'adoration*

- ***Monition*** **:**

Noël nous invite à accueillir Jésus le Verbe de Dieu qui s'est fait chair. Le Seigneur, par le chemin de l'abaissement et de la pauvreté, vient habiter parmi nous. Contemplons ce mystère d'amour : Dieu s'est fait proche de nous. Prions pour faire l'expérience de la présence du Seigneur au milieu de nous.

Oraison initiale

Seigneur Jésus, tu as voulu prendre chair dans notre humanité pécheresse pour la transformer en une réalité nouvelle. Pour notre salut, tu as voulu affronter la condition humaine, tu as livré le combat avec le mal et tu as été vainqueur. Le mystère de ta mort et résurrection symbolisé par l'Eucharistie perpétue et renouvelle la vie que tu nous as acquise par ton sacrifice rédempteur. Accorde-nous de t'adorer avec passion et foi.

- *Adoration silencieuse suivie*
- *Récitation du psaume 94*

Psaume 94

Venez, crions de joie pour le Seigneur, acclamons notre Rocher, notre salut !
Allons jusqu'à lui en rendant grâce, par nos hymnes de fête acclamons-le !

Oui, le grand Dieu, c'est le Seigneur, le grand roi au-dessus de tous les dieux :
il tient en main les profondeurs de la terre, et les sommets des montagnes sont à lui ;

à lui la mer, c'est lui qui l'a faite, et les terres, car ses mains les ont pétries.
Entrez, inclinez-vous, prosternez-vous, adorons le Seigneur qui nous a faits.

Oui, il est notre Dieu ; nous sommes le peuple qu'il conduit, le troupeau guidé par sa main. Aujourd'hui écouterez-vous sa parole ?

« Ne fermez pas votre coeur comme au désert, comme au jour de tentation et de défi,
où vos pères m'ont tenté et provoqué, et pourtant ils avaient vu mon exploit.

« Quarante ans leur génération m'a déçu, et j'ai dit : Ce peuple a le coeur égaré, il n'a pas connu mes chemins. Dans ma colère, j'en ai fait le serment : Jamais ils n'entreront dans mon repos. »

- *Adoration silencieuse*

Écoute de la parole de Dieu

La Parole s'est faite chair, tel est le thème central du prologue de l'Évangile de Jean. Dieu pour parler à l'homme s'est fait homme ; il ne s'est pas contenté de nous envoyer un prophète ou un ange, mais il a envoyé son Fils unique, qui s'est fait humblement l'un de nous pour nous enseigner le chemin de l'amour. En Jésus, nous pouvons désormais rencontrer le Dieu invisible et, accueillant la gratuité de son amour, apprendre à aimer.

❖ **De l'Évangile selon saint Jean** 1,14-18

Et le Verbe s'est fait chair, il a habité parmi nous, et nous avons vu sa gloire, la gloire qu'il tient de son Père comme Fils unique, plein de grâce et de vérité. Jean le Baptiste lui rend témoignage en proclamant : « C'est de lui que j'ai dit : Celui qui vient derrière moi est passé devant moi, car avant moi il était. » Tous nous avons eu part à sa plénitude, nous avons reçu grâce après grâce ; car la Loi fut donnée par Moïse, la grâce et la vérité sont venues par Jésus Christ. Dieu, personne ne l'a jamais vu ; le Fils unique, lui qui est Dieu, lui qui est dans le sein du Père, c'est lui qui l'a fait connaître.

Réflexion

Pour se révéler, Dieu ne s'est pas contenté d'envoyer un prophète comme Jean-Baptiste, mais il a envoyé son propre Fils. Tel est le mystère que la fête de Noël du Seigneur nous invite à embrasser. Jésus, le Fils de Dieu, s'est fait pauvre, solidaire à nous en assumant notre faiblesse, il nous fait participer à sa condition divine et nous donne la force de son amour. Dieu habite parmi nous, il a fait sa maison, il a planté sa tente parmi nous. C'est un Dieu qui se fait proche de l'homme, qui se fait l'un de nous. C'est pourquoi, connaître Dieu n'est pas le fruit d'un raisonnement, d'une idée, mais accueillir sa présence même au milieu de nous, en la personne de Jésus. Accueillir Jésus, c'est assimiler sa vie, lui ressembler, apprendre à aimer et reconnaître sa présence en tout homme, surtout dans les plus pauvres.

Demande de pardon

Examen de conscience.

Dieu nous a tant aimé qu'il a décidé de nous sauver à travers son Fils. Sa mort et sa résurrection nous libère de tout peché. Avec contrition du coeur pour nos manquements, implorons sa miséricorde.

Acte de Contrition

Père, Dieu de tendresse et de miséricorde, j'ai péché contre toi et mes frères. Je ne suis pas digne d'être appelé ton enfant, mais près de toi se trouve le pardon. Accueille mon repentir. Que ton Esprit me donne la force de vivre selon ton amour, en imitant celui qui est mort pour nos péchés, Ton Fils, Jésus-Christ, notre Seigneur. Amen.

- *Adoration silencieuse*

Supplication

- *Intentions libres*

Oraison finale

O Dieu, qui nous donne de célébrer dans la joie la naissance du Rédempteur, fais-nous connaître la profondeur de ce mystère, afin que nous puissions en vivre et en témoigner avec un amour sincère et généreux. Par le Christ notre Seigneur, présent dans l'Eucharistie et vivant dans la gloire du Père. Amen.

Bénediction +

Antienne à la Vierge Marie

Salut, reine, mère de miséricorde. Vie, douceur, espérance des hommes, salut ! Enfants d'Ève, nous crions vers toi dans notre exil. Vers toi, nous soupirons dans les cris et les pleurs dans cette vallée des larmes. Ô toi, notre avocate, tourne vers nous ton regard plein de bonté. Et au terme de cet exil, montre-nous Jésus, le fruit béni de tes entrailles. Ô clémente ! Ô bonne ! Ô douce Vierge Marie.

Adoration au Temps de Carême

Le Carême avec son rite du mercredi des Cendres invite à l'espérance en la miséricorde de Dieu. Il et une forme d'appel à l'écoute de la Parole de Dieu. Le Carême invite à la pénitence et la conversion. C'est le temps propice de la réconciliation avec Dieu et son prochain. Le jeûne, le partage et la prière sont les attitudes qui aident le pénitent à soigner son amitié avec Dieu, car ces actes de rabaissement nous rappellent que notre existence dépend de quelqu'un, de Dieu, qui nous veut réconciliés avec lui et avec nous frères et sœurs (Mt 6,1-6.16-18).

L'adoration en Temps de Carême n'est pas une prière de tristesse. Elle doit être une action de grâce en la compagnie de notre Seigneur qui s'est abaissé, en se faisant plus proche de nous, et qui nous invite à apprendre son humilité. Par conséquent, l'on sera plus attentif au Seigneur, à sa Parole ; aménager des moments de silence pour écouter le Seigneur qui nous parle.

Proposition 1

« Celui-ci est mon Fils bien-aimé, écoutez-le » (Mt 3,17)

L'adoration est un de nature un moment de prière silencieuse. Il est un moment d'écoute du Seigneur qui nous parle à travers sa Parole (la lecture biblique) et sa présence. Mais c'est dans le profond de notre cœur qu'il nous parle. Ainsi, pour comprendre son message, tu es invité à faire le silence dans ton cœur, tes pensées et ton cœur. Ferme tes sens aux distractions pour fixer ta pensée sur celui qui est devant toi, Jésus-Christ dans le symbole du pain.

- *Au nom du Père, du Fils et du Saint-Esprit. Amen*
- *Chant d'adoration*
- *Adoration silencieuse*

Oraison initiale

Seigneur, ne cache pas ta face, quand la tristesse envahit nos âmes et nos cœurs, nous nous confions à ta fidélité ; que nos cœurs se réjouissent de ton salut, que nos bouches chantent ta miséricorde. Amen.

Invocation au Saint Esprit

R/- Esprit, descends sur nous (2x)

Viens, Esprit Saint, visite nos vies avec un rayon de ta lumière. Montre-nous la gloire du Père et de son Fils Jésus, le Fils bien-aimé annoncé par les prophètes.

Viens Esprit Saint, guide nos vies vers la source de ta lumière. Aide-nous à accueillir dans notre pauvre histoire les signes de la présence de Dieu parmi nous.

Viens, Esprit Saint, éclaire nos vies de la lumière nouvelle de ta présence. Révèle-nous la mystérieuse communion de la Sainte Trinité, et fais-nous entrer dans ce mystère d'amour.

- *Adoration silencieuse*

Demande de pardon

Jésus Seigneur, transfiguré et revêtu de la lumière de Dieu, prends pitié de ceux qui marchent dans les ténèbres du péché : **R/- Prend pitié de nous Seigneur**
Christ Seigneur transfiguré en présence des disciples, prends pitié de ceux qui accueillent ta parole de miséricorde : **R/- Prend pitié de nous Seigneur**

Jésus-Christ, transfiguré dans la gloire et proclamé Fils bien-aimé du Père :
Prends pitié de ceux qui n'écoutent pas ta voix **: R/- Prend pitié de nous Seigneur**

Seigneur Jésus, révèle-nous ton visage transfiguré et ravive notre foi. Rends-nous dociles à la voix du Père qui nous demande de t'écouter. Vaincs la mort en nous et fais resplendir la vie. Fais que nous puissions tous monter avec toi sur la montagne pour être éclairés par ta lumière. Amen.

Parole de Dieu

❖ **De l'évangile selon saint Marc** 9,2-10

En ce temps-là, Jésus prit avec lui Pierre, Jacques et Jean, et les emmena, eux seuls, à l'écart sur une haute montagne. Et il fut transfiguré devant eux. Ses vêtements devinrent resplendissants, d'une blancheur telle que personne sur terre ne peut obtenir une blancheur pareille. Élie leur apparut avec Moïse, et tous deux s'entretenaient avec Jésus. Pierre alors prend la parole et dit à Jésus : « Rabbi, il est bon que nous soyons ici ! Dressons donc trois tentes : une pour toi, une pour Moïse, et une pour Élie. » De fait, Pierre ne savait que dire, tant leur frayeur était grande. Survint une nuée qui les couvrit de son ombre, et de la nuée une voix se fit entendre : « Celui-ci est mon Fils bien-aimé : écoutez-le ! » Soudain, regardant tout autour, ils ne virent plus que Jésus seul avec eux. Ils descendirent de la montagne, et Jésus leur ordonna de ne raconter à personne ce qu'ils avaient vu, avant que le Fils de l'homme soit ressuscité d'entre les morts. Et ils restèrent fermement attachés à cette parole, tout en se demandant entre eux ce que voulait dire : « ressusciter d'entre les morts ».

Réflexion

Jésus vient d'annoncer aux disciples sa Passion et sa mort, désormais imminente. Les disciples sont choqués par cette révélation et les aide à faire un pas en avant dans leur foi, à découvrir sa véritable identité : celui qui va mourir sur la croix est le Fils de Dieu. Moïse et Elie se présentent, les trois disciples sont enchantés par la vision, la voix du Père révèle l'identité de Jésus, ils descendent tous de la montagne et retournent à leur vie quotidienne. L'évangéliste Marc souligne que Jésus conduit les trois témoins sur une "haute montagne", mettant en parallèle la Transfiguration avec la grande théophanie du Sinaï (Ex 24), où fut conclue l'alliance entre Dieu et son peuple. La lumière éblouissante qui émane du corps et des vêtements de Jésus révèle comment, en lui, la gloire de Dieu est apparue sur terre. La nuée et l'ombre enveloppantes annoncent que Dieu est désormais présent dans le monde avec son Fils, le Verbe fait chair. Moïse et Élie, en conversation avec Jésus, confirment qu'en lui s'accomplit l'alliance nouvelle et définitive, annoncée et attendue depuis des siècles. La voix du Père répète à tous : "Celui-ci est mon Fils, le bien-aimé, écoutez-le" (Mc 9,7). Sur le visage de Jésus resplendit désormais la gloire de Dieu, sa miséricorde, son amour sans limite pour l'humanité. Il est bon pour nous d'être ici, s'exclame Pierre. Une exclamation qui est une profession de foi.

- *Adoration silencieuse*

Oraison finale

Seigneur Jésus, tu es la splendeur, la beauté et la gloire de Dieu. Toi qui nous as donné la grâce de marcher à la lumière de ton Évangile, rends-nous forts dans l'obéissance et persévérants dans la foi. Aide-nous à suivre tes pas et à accepter le mystère de la croix dans nos vies, afin que nous soyons avec toi transfigurés dans la gloire. Amen.

Supplication

R/- Écoute-nous, O Seigneur, exauce-nous

Ô Jésus, tu continues à nous attirer et à nous conduire sur une haute montagne, pour nous révéler ton identité et ton lien d'amour avec le Père. Confirme notre foi instable, incertaine et vacillante, affermis le chemin de ton peuple saint.

Ô Jésus, sur ton visage transfiguré resplendit la gloire de Dieu et l'amour miséricordieux du Père qui t'a envoyé. Aide-nous à reconnaître en toi la Vérité toujours présente dans le monde d'aujourd'hui. Toi seul donnes un sens à la création et à l'homme créé à ton image.

Ô Jésus, tu nous séduis par la beauté et la splendeur de ta personne, et tu nous introduis dans le mystère pascal où resplendit le vrai visage de Dieu. Aide-nous aussi à passer avec toi de l'égoïsme à l'amour, du péché à la grâce, de la mort à la vie.

- *Intentions libres…*
- Prière du Seigneur : Notre Père qui es aux cieux…

Oraison finale

Seigneur Jésus, nous te rendons grâce, parce que dans les nombreuses nuits de notre existence, avec toi, nous ne sommes jamais seuls ni abandonnés. Reste à nos côtés dans notre histoire quotidienne, donne la lumière de l'espérance à nos cœurs, à nos pensées et à nos yeux.

Bénédiction +

Antienne à la Vierge Marie : sous l'abri de ta miséricorde, nous nous réfugions, Sainte Mère de Dieu. Ne méprise pas nos prières quand nous sommes dans l'épreuve, Mais de tous les dangers délivre-nous toujours, Vierge glorieuse et bénie.

Proposition 2

« Voici que le règne de Dieu est tout proche » (Lc 17,21)

- *Signe de la Croix*
- *Chant de l'adoration*
- *Adoration silencieuse*
- *Récitation du psaume 94*

❖ Psaume 94

Rit. Christ est notre Sauveur, venez, adorons-le.

Venez, crions de joie pour le Seigneur, acclamons notre Rocher, notre salut !
Allons jusqu'à lui en rendant grâce, par nos hymnes de fête acclamons-le !
Oui, le grand Dieu, c'est le Seigneur, le grand roi au-dessus de tous les dieux :
il tient en main les profondeurs de la terre, et les sommets des montagnes sont à lui ;

à lui la mer, c'est lui qui l'a faite, et les terres, car ses mains les ont pétries.
Entrez, inclinez-vous, prosternez-vous, adorons le Seigneur qui nous a faits.
Oui, il est notre Dieu ; nous sommes le peuple qu'il conduit, le troupeau guidé par sa main. Aujourd'hui écouterez-vous sa parole ?

« Ne fermez pas votre coeur comme au désert, comme au jour de tentation et de défi où vos pères m'ont tenté et provoqué, et pourtant ils avaient vu mon exploit.
« Quarante ans leur génération m'a déçu, et j'ai dit : Ce peuple a le coeur égaré, il n'a pas connu mes chemins.
Dans ma colère, j'en ai fait le serment : Jamais ils n'entreront dans mon repos.

- *Adoration silencieuse*

Écoute de la Parole de Dieu

❖ Évangile selon saint Marc 1, 12-15

Jésus venait d'être baptisé. Aussitôt l'Esprit le pousse au désert et, dans le désert, il resta quarante jours, tenté par Satan. Il vivait parmi les bêtes sauvages, et les anges le servaient. Après l'arrestation de Jean, Jésus partit pour la Galilée proclamer l'Évangile de Dieu ; il disait : « Les temps sont accomplis : le règne de Dieu est tout proche. Convertissez-vous et croyez à l'Évangile. »

Réflexion

Jésus est tenté en tout point par le diable et le vainc. Les épreuves que Jésus affronte dans le désert nous font penser à notre condition et nous aident à méditer sur les priorités de notre vie, à surmonter les tentations en les soumettant à Dieu. C'est un appel constant à la conversion, à reconnaître que nous dépendons de Lui. Le nœud des trois tentations auxquelles Jésus est soumis est la proposition d'utiliser Dieu pour ses propres intérêts, pour sa propre gloire et son propre succès. Une grande difficulté pour nous est de comprendre quand nous sommes victimes de la tentation, parce que Satan est très rusé et nous attaque dans nos points faibles, en insinuant des doutes et en créant des obstacles. Quand le mal se fait passer pour le bien, quand il y a du faux et du mensonge, quand on crée des divisions, quand il n'y a pas de paix mais de l'agitation, c'est certainement là l'œuvre du démon. Jésus combat Satan par la puissance de la Parole de Dieu qu'il oppose à ses sollicitations et en le boutant loin de lui, en d'autres thèmes par la force de sa prière qui lui donne le courage de tenir tête à Satan et de lui demander de lui foutre la paix. Avons-nous la capacité de discerner les attaques et sollicitations de Satan ? Avons-nous le courage de couper la parole à Satan et de lui intimer l'autre d'aller se faire voir ailleurs ?

- *Chant de méditation*
- *Méditation personnelle*

Demande de pardon

Nous sommes faibles, nous cédons facilement aux intérêts, à la tentation du pouvoir, aux honneurs et à la vaine gloire. Aujourd'hui nous rencontrons Jésus dans ce sacrement du salut. À lui je dis toutes mes limites et toute ma peine en vue de ma libération.

- *Examen de conscience*
- *Contrition ou récitation du psaume 50*

Psaume 35, 6-13

Dans les cieux, Seigneur, ton amour ; jusqu'aux nues, ta vérité !

Ta justice, une haute montagne ; tes jugements, le grand abîme !

Tu sauves, Seigneur, l'homme et les bêtes : qu'il est précieux ton amour,

ô mon Dieu ! A l'ombre de tes ailes, tu abrites les hommes :

ils savourent les festins de ta maison ;

aux torrents du paradis, tu les abreuves.

En toi est la source de vie ; par ta lumière nous voyons la lumière.

Garde ton amour à ceux qui t'ont connu, ta justice à tous les hommes droits.

Que l'orgueilleux n'entre pas chez moi, que l'impie ne me jette pas dehors !

Voyez : ils sont tombés, les malfaisants ; abattus, ils ne pourront se relever.

- *Adoration silencieuse.*

Supplication

- *Intentions libres…*
- Prière du Seigneur : Notre Père, qui es aux cieux…

Oraison finale

Force dans les épreuves et espoir dans la perdition, Seigneur Jésus, ta présence au milieu de nous, nous rappelle que les épreuves de la vie ne sont pas invincibles. Donne-nous de croire en ta Parole : « Prenez courage, j'ai vaincu le monde (Jn 16,33). Toi, qui es vivant pour les siècles des siècles. Amen.

Bénédiction +

Louanges finales

Salut Corps sacré,

Salut pain rompu pour secourir le monde en destruction

Salut mystère caché aux puissants, mais révélé aux petits

Salut Christ et Seigneur de la vie.

La mort n'a pas atteint ta divinité,

Le séjour aux enfers n'a été qu'un passage vers la gloire incomparable.

Tu es avec nous et tu demeureras avec nous jusqu'à la fin des temps.

Adoration au Temps pascal

Principale Fête chrétienne, Pâques justifie la foi chrétienne (1 Cor 15,14) et marque la naissance de l'Église. En offrant et en rompant le pain, Jésus laissa à ses Apôtres le signe qui rappelle sa présence au milieu d'eux (Mt 26,26). Ainsi, le pain et le vin consacrés symbolisent le Seigneur Jesus. Par conséquent, le pain conservé au tabernacle pour la communion des malades faut aussi l'objet d'adoration des fidèles. Adorer l'Eucharistie en Temps pascal nous rapproche de l'événement fondateur de la vie chrétienne. La célébration de la Sainte Cène le Jeudi-Saint se conclut avec l'adoration. Tout le temps pascal met en lumière l'Eucharistie. Le chrétien devrait accentuer, en cette période, la visite au Saint-Sacrement pour faire croître son amour pour le Christ mort et ressuscité pour nous.

Proposition 1

« *Et moi, je suis avec vous tous les jours jusqu'à la fin du monde.* » (Mt 28,20)

- *Signe de la Croix*
- *Chant d'adoration*
- *Adoration silencieuse*

Invocation à l'Esprit Saint

Animateur : le Seigneur ressuscité, par la puissance de l'Esprit, envoie ses disciples aux extrémités de la terre pour proclamer l'Évangile. Invoquons sur nous ce don de Pâques, demandons au Ressuscité de raviver en nous l'élan pour devenir ses témoins dans le monde.

Tous : viens, Esprit de Dieu, descends sur nous, donne-nous un cœur humble et docile, qui se laisse entraîner dans le mystère ineffable du Ressuscité vivant et présent parmi nous. Nous avons faim de sa communion et soif de l'infini. Toi, courage et force dans les luttes de la vie, aide-nous à ne pas hésiter ni d'avoir peur de témoigner, en inspirant la foi et l'espérance à ceux qui ne croient pas.

Demande de pardon

Animateur : nous sommes des créatures fragiles qui ont toujours besoin de la miséricorde, du pardon et de consolation. Jésus, sur La Croix, a demandé au Père le pardon pour ses bourreaux. Ressuscité, il a fait de ses apôtres des ministres de la réconciliation. Reconnaissons humblement nos manquements d'amour et de charité.

- *Examen de conscience*
- *Récitation du psaume 49*

Psaume 49,7b-23

Moi, Dieu, je suis ton Dieu !
Je ne t'accuse pas pour tes sacrifices ; tes holocaustes sont toujours devant moi.
Je ne prendrai pas un seul taureau de ton domaine, pas un bélier de tes enclos.
Tout le gibier des forêts m'appartient et le bétail des hauts pâturages.

Je connais tous les oiseaux des montagnes ; les bêtes des champs sont à moi.
Si j'ai faim, irai-je te le dire ?
Le monde et sa richesse m'appartiennent.
Vais-je manger la chair des taureaux et boire le sang des béliers ?

Offre à Dieu le sacrifice d'action de grâce, accomplis tes voeux envers le Très-Haut. Invoque-moi au jour de détresse : je te délivrerai, et tu me rendras gloire.

Mais à l'impie, Dieu déclare : Qu'as-tu à réciter mes lois, à garder mon alliance à la bouche, toi qui n'aimes pas les reproches et rejettes loin de toi mes paroles ?

Si tu vois un voleur, tu fraternises, tu es chez toi parmi les adultères ;
tu livres ta bouche au mal, ta langue trame des mensonges.

Tu t'assieds, tu diffames ton frère, tu flétris le fils de ta mère.
Voilà ce que tu fais ; garderai-je le silence ?
« Penses-tu que je suis comme toi ?
Je mets cela sous tes yeux, et je t'accuse.

Comprenez donc, vous qui oubliez Dieu : sinon je frappe, et pas de recours !
Qui offre le sacrifice d'action de grâce, celui-là me rend gloire : sur le chemin qu'il aura pris, je lui ferai voir mon salut.

- *Adoration silencieuse*

Oraison initiale

Étends ta main sur nous, Père, et dissipe les ténèbres de nos fautes par ta miséricorde. Nous voulons te chanter, te louer et te bénir. Tu connais notre histoire, tu vois nos blessures et les longues nuits d'éloignement. Ne laisse pas la solitude et la peur nous gagner, mais la confiance en toi. Nous te le demandons par le Christ, notre Seigneur. Amen.

L'écoute de la Parole de Dieu

❖ **De l'évangile selon saint Matthieu** 28,8-20

Vite, elles quittèrent le tombeau, remplies à la fois de crainte et d'une grande joie, et elles coururent porter la nouvelle à ses disciples. Et voici que Jésus vint à leur rencontre et leur dit : « Je vous salue. » Elles s'approchèrent, lui saisirent les pieds et se prosternèrent devant lui. Alors Jésus leur dit : « Soyez sans crainte, allez annoncer à mes frères qu'ils doivent se rendre en Galilée : c'est là qu'ils me verront. » Tandis qu'elles étaient en chemin, quelques-uns des gardes allèrent en ville annoncer aux grands prêtres tout ce qui s'était passé. Ceux-ci, après s'être réunis avec les anciens et avoir tenu conseil, donnèrent aux soldats une forte somme en disant : « Voici ce que vous direz : "Ses disciples sont venus voler le corps, la nuit pendant que nous dormions." Et si tout cela vient aux oreilles du gouverneur, nous lui expliquerons la chose, et nous vous éviterons tout ennui. » Les soldats prirent l'argent et suivirent les instructions. Et cette explication s'est propagée chez les Juifs jusqu'à aujourd'hui. Les onze disciples s'en allèrent en Galilée, à la montagne où Jésus leur avait ordonné de se rendre. Quand ils le virent, ils se prosternèrent, mais certains eurent des doutes. Jésus s'approcha d'eux et leur adressa ces paroles : « Tout pouvoir m'a été donné au ciel et sur la terre. Allez ! De toutes les nations faites des disciples : baptisez-les au nom du Père, et du Fils, et du Saint-Esprit, apprenez-leur à observer tout ce que je vous ai commandé. Et moi, je suis avec vous tous les jours jusqu'à la fin du monde. »

Réflexion

Au matin de Pâques, la première parole du Christ ressuscité s'adresse aux femmes. Elles l'ont suivi sans jamais l'abandonner. Elles ont été avec lui dans les moments terribles de sa passion et de sa mort sur la Croix ; puis elles l'ont accompagné à la mise au tombeau. Après avoir été rassuré par l'Ange qui annonçait qu'il était ressuscité, Jésus lui-même est allé à leur rencontre, les a saluées et a confirmé leur louange. Ce Jésus qu'ils ont suivi sur les routes de Palestine, qu'ils ont entendu et vu faire des miracles, qui a été injustement condamné et crucifié, qui est mort et a été enfermé dans un tombeau, est ressuscité et se tient devant eux, vivant et glorieux. Ils sont les premières à annoncer sa Pâque aux disciples ! C'est ensuite le tour des onze, à qui Jésus donne rendez-vous en Galilée, sur la montagne qu'il a indiquée. Eux aussi peuvent désormais voir le Maître, entendre sa voix, contempler son corps transfiguré, se réjouir de sa présence retrouvée parmi eux. Et c'est à eux aussi que Jésus confie la mission : "Allez, faites de toutes les nations des disciples". C'est à eux qu'il revient de poursuivre dans le temps sa propre mission : Baptiser, guérir, rassembler dans l'unité, l'humanité entière ! A nous aussi, qui continuons à le chercher, il se fait connaître chaque fois que nous nous réunissons pour célébrer le mémorial de sa Pâque ou pour prier en sa présence eucharistique. Il rompt pour nous le pain de sa Parole et de son corps, il nous fait entrer dans une communion de vie avec lui, il nous envoie comme ses témoins dans le monde.

- *Adoration silencieuse*

Demande de pardon

- *Examen de conscience*

L'invitation de Jésus à devenir les messagers de la Bonne Nouvelle ne trouve pas toujours un bon accueil dans nos vies. Nous la lisons ou l'écoutons, sans que nous la mettions en œuvre. Et pourtant, l'on se plaint des mauvaises nouvelles que nous annonce ce monde : guerre, sécheresse, séisme, réchauffement climatique, abus sexuels, les maladies, la faim, le chômage, les échecs, les traumatismes, etc. N'est-ce pas là que Jésus nous envoie en annonciateurs et témoins de la Bonne Nouvelle de la vie, de la libération, de la paix et de l'amour ? Je me tiens proche de mon cœur… je reconnais ma défaillance, mes échecs. Je n'ai pas été le disciple que tu attendais, j'ai brillé par les absences réitérées, car où tu m'attendais, je n'm'y suis pas présenté. J'ai été égoïste de mon temps, de mes pieds, de mes yeux et de mon cœur, en m'excluant par volonté personnelle des autres et de leurs misères. Maintenant, mon Jésus, je reconnais d'avoir mal agis, moi indigne disciple, et je regrette le tort causé à ta Bonne Nouvelle et demande pardon ; ainsi pourrais-je être plus fort et disponible à ton service.

- *Adoration silencieuse*

Supplication

L'adoration eucharistique prolonge le mystère du salut célébré à la messe. En ce temps, le Seigneur continue à nous nourrir de sa vérité, de sa paix et d'espérance. Reconnaissants pour cette certitude, nous élevons nos voix vers lui, nous lui demandons de nous attirer toujours plus vers son mystère et de nous transformer en lui. Prions : ***Ecoute-nous, Seigneur !***

Jésus ressuscité, tu es passé des ténèbres de la nuit à la lumière du matin de Pâques : avec toi nous bénissons le Père qui n'abandonne pas ses enfants dans l'ombre de la mort. Loin de toi, nous vivons dans la peur, dans l'angoisse, dans l'obscurité : tu nous éclaires par ta Parole, tu nous accueilles à ta table, tu romps encore ton pain pour nous : ***Ecoute-nous, Seigneur !***

Jésus ressuscité, ta salutation aux femmes, témoins de la résurrection, est une annonce de joie. Aide-nous à dire aux hommes et aux femmes de notre temps la splendeur de ton visage resplendissant. Au milieu des tristesses, des peurs, des déceptions qui marquent notre monde et notre histoire, ta résurrection donne à notre esprit un nouveau départ : ***Ecoute-nous, Seigneur !***

Jésus ressuscité, sur la montagne, une nuée a attiré le regard des onze : en te détournant d'eux, tu leur as laissé un signe magnifique : ta bénédiction. Reconnaissons aujourd'hui ta présence parmi nous dans notre histoire, que chacun de nous se sente aimé et que nos cœurs débordent de la joie pascale : ***Ecoute-nous, Seigneur !***

Jésus ressuscité, certains parmi tes apôtres n'ont pas cru en ta résurrection : ils t'ont adoré, mais d'autre ont douté. Que ton Église surmonte la tentation du doute et de l'incertitude, qu'elle répande la sérénité et la confiance, la joie et la lumière : qu'elle soit une guide pour tous : ***Ecoute-nous, Seigneur !***

Jésus ressuscité, ta résurrection ravive l'espérance de ceux qui se découragent, ranime ceux qui ont cessé de cheminer avec nous dans ton Église, donne vigueur et force à ceux qui sont découragés. Infuse en nous la lumière et la sérénité, fais sentir ta présence parmi nous, renforce notre communion avec toi, continue à être notre don, le plus précieux : ***Ecoute-nous, Seigneur !***

- *Intentions libres...*

- Prière du Seigneur : Notre Père qui es aux cieux…

Oraison finale

Tu es monté au ciel, Seigneur Jésus, mais en même temps tu restes avec nous dans la Parole et dans l'Eucharistie, dans la communauté et dans les pauvres. Donne-nous la persévérance dans la foi, la confiance et le courage face aux défis de notre vie quotidienne. Que nous ne perdions jamais l'espoir de partager un jour la joie du ciel, lorsque nous retrouverons ceux que nous aimons et que nous te verrons tel que tu es. Amen.

- *Bénédiction*

Louanges divines

Dieu soit béni
Béni soit son saint Nom
Béni soit Jésus Christ, vrai Dieu et vrai Homme
Béni soit le Nom de Jésus
Béni soit son Sacré Cœur
Béni soit son Précieux Sang
Béni soit Jésus au Très Saint Sacrement de l'Autel
Béni soit l'Esprit Saint consolateur
Bénie soit l'Auguste Mère de Dieu,
la Très Sainte Vierge Marie
Bénie soit sa sainte et immaculée conception
Bénie soit sa glorieuse Assomption
Béni soit le nom de Marie Vierge et Mère
Béni soit saint Joseph, son très chaste époux
Béni soit Dieu dans ses anges et dans ses saints.

Proposition 2

« L'Esprit Saint vous fera souvenir de tout ce que je vous ai dit » (Jn 14,26)

- *Signe de la Croix*
- *Chant d'adoration ou prière silencieuse*
- *Monition*

L'Évangile que nous lirons pendant cette adoration est la dernière partie du premier discours d'adieu de Jésus. Après avoir annoncé la présence de l'Esprit de vérité dans la vie et le ministère de ses Apôtres, Jésus dit que le Père est en Lui, le Fils unique. Contemplons l'Amour de Dieu fait chair dans le Crucifié-Ressuscité. Laissons-nous guider par l'Esprit Saint pour qu'il fasse de nous tous, des hommes et des femmes capables de confesser l'amour, la bonté et la miséricorde de Dieu.

Prière à Jésus pour obtenir le don du Saint Esprit

Seigneur, que vienne ton Esprit et fasse croitre en nous l'amour ; comme un vent, qu'il soulève tout et réveille nos forces assoupies, qu'il ouvre nos regards aux horizons les plus vastes et fasse susciter en nous les pensées fécondes. En ta présence, Ô Jésus, nous remettons toutes nos misères et pauvretés ; Toi, comme aux apôtres effrayés et enfermés au Cénacle, viens à notre rencontre, embrasse-nous de ta miséricorde et transforme-nous en témoins de ta résurrection.

- *Adoration silencieuse*

Ecoute de la Parole de Dieu

❖ **De l'évangile selon Jean** 14,23-29

En ce temps-là, Jésus disait à ses disciples : « Si quelqu'un m'aime, il gardera ma parole ; mon Père l'aimera, nous viendrons vers lui et, chez lui, nous nous ferons une demeure. Celui qui ne m'aime pas ne garde pas mes paroles. Or, la parole que vous entendez n'est pas de moi : elle est du Père, qui m'a envoyé. Je vous parle ainsi, tant que je demeure avec vous ; mais le Défenseur, l'Esprit Saint que le Père enverra en mon nom, lui, vous enseignera tout, et il vous fera souvenir de tout ce que je vous ai dit. Je vous laisse la paix, je vous donne ma paix ; ce n'est pas à la manière du monde que je vous la donne. Que votre cœur ne soit pas bouleversé ni effrayé. Vous avez entendu ce que je vous ai dit : Je m'en vais, et je reviens vers vous. Si vous m'aimiez, vous seriez dans la joie puisque je pars vers le Père, car le Père est plus grand que moi. Je vous ai dit ces choses maintenant, avant qu'elles n'arrivent ; ainsi, lorsqu'elles arriveront, vous croirez. »

Réflexion

Amour, Parole et Demeure, trois mots pour résumer la pensée de Jésus sur l'amour envers Lui : Si quelqu'un m'aime, il gardera ma parole, et mon Père l'aimera, et nous viendrons à lui et nous ferons notre demeure chez lui. Le long discours de Jésus aux disciples au Cénacle, la veille de Pâques, expose sa manière d'être en pleine syntonie avec le Père. À la question de l'apôtre Judas (qu'il ne faut pas confondre avec l'Iscariote) : "Comment te manifesteras-tu à nous ?", Jésus demande un peu plus de patience afin que le Père puisse se manifester à nous, pour que tous puissent voir la gloire dans l'abandon total et libre du Fils.

Ceux qui écoutent la Parole et qui aiment Jésus se familiarisent avec Dieu de manière à surmonter cette relation entre Dieu et chaque être humain. La force de cette nouvelle relation est soutenue par l'Esprit Saint, l'Esprit de vérité, qui a pour tâche de rappeler, d'enseigner, et de rendre présent tout ce qui s'est passé entre le Père et le Fils. L'accomplissement de la croix et de la mort de Jésus est la condition nécessaire pour que l'Esprit continue à agir dans le temps, dans le cœur de chaque croyant. L'Esprit du Crucifié-Ressuscité renvoie chacun à un projet plus grand, au-delà des barrières possibles d'une relation personnelle, dans une relation qui élargit le cœur et l'esprit. Chaque croyant témoigne de cette mémoire vivante.

C'est pourquoi il est important de connaître Jésus en se familiarisant avec sa Parole et en nourrissant le sentiment d'amour à son égard. Le premier don de l'Esprit est la paix ! Malgré l'agitation des disciples devant sa passion, Jésus offre "par avance" sa paix pour que tous puissent porter ses paroles dans leur cœur. Personne ne doit imaginer une vengeance, ni penser que dans l'âme de Jésus, il puisse y avoir des sentiments négatifs. Pour Dieu, l'amour est plus fort que la mort. La paix qu'il promet n'est pas celle que le monde offre, la paix de Jésus est la capacité de supporter la vie, dans ses moments positifs ou négatifs, avec foi.

- *Méditation personnelle*

Conseil spirituel de saint Pierre Julien Eymard

“ Ce que j'aime à demander à Dieu pour vous, c'est la fidélité invariable dans l'amour de sa sainte et toujours aimable volonté, sur vous particulièrement ; que la consolation ou la désolation, la joie ou la peine, les créatures ou l'absence des créatures, ne changent pas l'état intérieur de votre âme ; que vous le mettiez au-dessus des régions de tempêtes et des variations atmosphériques et que tout, au contraire, ne produise en vous qu'un changement d'exercice, d'action, mais la volonté restant toujours unie à la sainte volonté de Dieu. Ô heureuse, mille fois heureuse, l'âme qui vit de cette vie divine ! Alors elle comprend ces paroles brûlantes de saint Paul : “Qui me séparera de l'amour de Jésus-Christ ? Rien” (Rom 8,35). Le fruit de cette divine conformité sera d'abord la patience, légalité de caractère à l'extérieur, puis la paix à l'intérieur et la force et la générosité dans l'action. Une âme qui veut vivre de Dieu consulte avant tout sa sainte volonté ; elle craint de consulter en premier son cœur, sa propre raison, elle s'en défie ; et pour elle la volonté de Dieu connue, c'est sa suprême loi, c'est son invariable règle et sa première science [...]"[26]

- *Adoration silencieuse*

Supplication

Animateur : la Parole de Dieu est lumière qui éclaire notre chemin et nous permet d'affronter les difficultés de chaque jour, sans perdre nos repères. Reconnaissants à Dieu pour ce don, tournons-nous vers lui avec une confiance filiale :
Ta Parole, ô Père, éclaire nos choix.

Que ta Parole, ô Père, soit source de sagesse pour les pasteurs de l'Église : qu'ils y puisent des choix équilibrés et sages pour la communion véritable de ton peuple :
Ta Parole, ô Père, éclaire nos choix.

Que ta Parole, ô Père, soit comme un feu vivant qui brûle tout choix égoïste et allume le désir de t'aimer et d'aimer le prochain dans le cœur de ceux qui nous gouvernent, afin qu'ils fassent des choix courageux pour le bien de tous :
Ta Parole, ô Père, éclaire nos choix.

Que ta Parole, ô Père, rende toujours plus dociles les cœurs de ceux qui, souffrant, sont en colère contre la vie : qu'ils voient leur souffrance dans la perspective de la Croix salvatrice :
Ta Parole, ô Père, éclaire nos choix.

Que ta Parole, ô Père, nous donne le désir d'annoncer et de vivre l'Évangile de ton Fils : que grandisse dans nos lieux de vie l'amour pour tous ceux que tu aimes et que tu as fait renaître par le sacrifice de la Croix du Christ :
Ta Parole, ô Père, éclaire nos choix.

- *Intentions libres...*
- Prière du Seigneur : Notre Père qui es aux cieux...

Oraison

Ô Père, nous savons combien tu nous aimes et ne négliges aucune des paroles que nous t'avons adressées sous forme de supplications. Écoute-nous et donne-nous ta

[26] Saint Pierre Julien Eymard, Conseils de vie spirituelle, Extraits de sa correspondance (à Madame Natalie Jordan, 22 janvier 1852, CO 317), Centre Eucharistique, Ponteranica, pp. 9-10.

lumière, afin que nous puissions éclairer tous ceux qui se sont confiés à notre prière, aujourd'hui. Par le Christ notre Seigneur. Amen.

Bénédiction +

Chant à la Vierge Marie ou Antienne

Reine du ciel, réjouis-toi, **alleluia**
car Celui que tu as porté, **alleluia**
est ressuscité comme Il l'avait annoncé,
Prie Dieu pour nous, **alleluia alleluia alleluia.**

Adoration en temps ordinaire

Le temps ordinaire est un temps liturgique qui se distingue du Temps fort par la sobriété de sa liturgie. C'est le temps de l'espérance et de la maturation chrétienne. Il est aussi appelé Temps de l'Église, distincte du Temps de l'Avent, de Noël, de Carême et le temps pascal. Il comprend 34 dimanche dont le dernier célèbre le Christ-Roi de l'univers et clôture l'année liturgique. Comme l'on pourrait le constater, les textes proposés pour ce Temps sont centrés sur des thèmes qui évoquent la vie chrétienne quotidienne. Toutefois, l'importance accordée au Christ en ce Temps ne diffère pas des autres Temps liturgiques, car il s'agit toujours du Christ présent dans l'Eucharistie.

Proposition 1

« L'homme bon tire le bien du trésor de son cœur qui est bon ...» (Lc 6,45)

- *Signe de la Croix*
- *Chant d'adoration*
- *Adoration silencieuse*

Louanges à Jésus

A *(Animateur).* Béni soit le saint nom de Jésus
T *(Tous).* Dans le très saint sacrement
A. Chers frères et sœurs, bénissons Dieu notre père qui, dans sa bonté, nous appelle à sa table.
T. Béni soit Dieu à jamais.
A. Le Seigneur donne la paix à son Église.
T. Il nous nourrit de la fleur du blé.
A. Nous te rendons grâce Seigneur Dieu Tout-puissant
T. Qui est et qui était
A. Car tu as déployé ta grande puissance,
T. Et tu as établi ton règne.
A. Tu as nourri ton peuple de la nourriture des anges,
T. Tu leur as donné le pain du ciel
Adoration silencieuse

Parole de Dieu

❖ **De l'évangile selon Luc 6**,39-45

En ce temps-là, Jésus disait à ses disciples en parabole : « Un aveugle peut-il guider un autre aveugle ? Ne vont-ils pas tomber tous les deux dans un trou ? Le disciple n'est pas au-dessus du maître ; mais une fois bien formé, chacun sera comme son maître. Qu'as-tu à regarder la paille dans l'œil de ton frère, alors que la poutre qui est dans ton œil à toi, tu ne la remarques pas ? Comment peux-tu dire à ton frère : "Frère, laisse-moi enlever la paille qui est dans ton œil", alors que toi-même ne vois pas la poutre qui est dans le tien ? Hypocrite ! Enlève d'abord la poutre de ton œil ; alors tu verras clair pour enlever la paille qui est dans l'œil de ton frère.
Un bon arbre ne donne pas de fruit pourri ; jamais non plus un arbre qui pourrit ne donne de bon fruit. Chaque arbre, en effet, se reconnaît à son fruit : on ne cueille pas des figues sur des épines ; on ne vendange pas non plus du raisin sur des ronces. L'homme bon tire le bien du trésor de son cœur qui est bon ; et l'homme mauvais tire le mal de son cœur qui est mauvais : car ce que dit la bouche, c'est ce qui déborde du cœur. »

Réflexion

L'on peut faire un partage d'évangile dans un profond respect, sans perdre de vue la présence du Saint Sacrement. Il est aussi possible que quelqu'un prépare en avance une petite réflexion sur le texte pour le partager en ce moment avec les autres. Face aux figures contrastées de ces paraboles, nous sommes appelés à prendre position, à choisir l'une des deux possibilités comme chemin pour notre vie. Il me semble que ce chemin indiqué par Jésus passe par un choix de profondeur et de cohérence, comme le montrent les paraboles de ce texte que nous venons d'écouter. En effet, personne ne peut poser un autre fondement que Jésus-Christ" (1 Co 3,10-11). Des racines dépendent l'avenir de l'arbre. Le "bon" arbre ne peut porter que de bons fruits. La beauté de l'arbre correspond à sa ressemblance avec la beauté de son planteur. À la bonté du Maître correspond la bonté ou la qualité de ses disciples. Mais pour que le "bon" arbre porte de bons fruits, il doit être enraciné toujours plus profondément en Celui qui a porté le seul fruit bon et beau : Jésus.

Demande de pardon

Seigneur Jésus, Sauveur de l'univers. Au temps fixé, tu t'es fait homme, tu t'es chargé de nos péchés, tu as accepté la mort sans t'y tromper, et tu nous as délivrés de la mort. Tu as ouvert la porte du ciel et tu t'es assis à la droite du Père. Tu seras notre récompense et tu es déjà notre joie. Au ciel, nous verrons la gloire qui brille à nos yeux.

- *Examen de conscience*

Mon Dieu, j'ai un très grand regret de t'avoir offensé, parce que tu es infiniment bon, et que le péché te déplaît. Je prends la ferme résolution avec le secours de ta sainte grâce de ne plus t'offenser et de faire pénitence.

Supplication

Animateur : Élevons nos prières vers le Seigneur Jésus, le grand éducateur de l'humanité, et disons : ***Seigneur Jésus-Christ, apprends-nous à aimer.***

Christ, Maître de nos vies, dans l'Eucharistie, apprends-nous à aimer tous les hommes sans distinction ; fais-nous découvrir notre vocation d'éducateurs à la fraternité : ***Seigneur Jésus-Christ, apprends-nous à aimer.***

Christ, libérateur des opprimés, tu as fait de tes disciples les apôtres d'un nouvel ordre social : ***Seigneur Jésus-Christ, apprends-nous à aimer.***

Christ, parole vivante du Père, tu as laissé des traces très claires dans toutes tes œuvres ; que les Textes engendrent la vie lorsqu'ils s'incarnent dans des attitudes concrètes ; que nos œuvres parlent plus que nos paroles :

Seigneur Jésus-Christ, apprends-nous à aimer.

- *Intentions libres*

Conclusion

A. J'élèverai la coupe du salut
T. Et j'invoquerai le nom du Seigneur.
A. Rendons gloire au Seigneur notre Dieu
T. Nous chanterons sans fin ses louanges
A. Nous exaltons sa fidélité
T. Nous proclamons sa gloire
A. O Banquet si sacré où le Christ est nourriture.
T. Nous célébrons le mémorial de sa sainte passion.
A. Notre esprit est rempli de sa grâce.
T. Nous avons reçu le gage de la gloire éternelle
A. Nous reconnaissons et croyons.
T. L'amour de Dieu pour nous.

- Prière du Seigneur : Notre Père qui es aux cieux…

Oraison

Regarde, ô Père, ton peuple qui professe sa foi en Jésus-Christ, né de la Vierge Marie, crucifié et ressuscité, présent dans ce saint sacrement. Fais qu'il puise à cette source de toute grâce les fruits du salut éternel. Par le Christ notre Seigneur. Amen.

Bénédiction +

Chant ou Antienne à la Vierge Marie :

Je vous salue Marie, Mère de Dieu, vous êtes la Mère de l'Église.
C'est vers toi, Marie, que nous nous tournons avec joie ;
car en toi le Seigneur a fait des merveilles.
Tu es notre sœur, tu connais la vie, ta foi donne de la force à nos pas.

Proposition 2

"Si quelqu'un veut être le premier, qu'il soit le serviteur de tous ". *(Mc 9, 35)*

- *Signe de la Croix*
- *Chant d'adoration*
- *Adoration silencieuse*

❖ **Psaume** 53

R/- **Le Seigneur est le soutien de ma vie**

Dieu, par ton nom sauve-moi, par ta puissance rends-moi justice.
Dieu, écoute ma prière, prête l'oreille aux paroles de ma bouche.

Car des étrangers se sont levés contre moi, ils m'oppriment,
ils ne voient pas Dieu devant leurs yeux.

Voici, Dieu est mon secours, le Seigneur soutient ma vie.
Je t'offre un sacrifice d'action de grâce, je loue ton nom, Seigneur, car tu es bon.

- *Adoration silencieuse*

La Parole de Dieu

❖ **De la lettre de l'apôtre Jacques** 3,16 - 4,3

Mes frères, là où il y a de la jalousie et un esprit de dispute, il y a du désordre et toutes sortes de mauvaises actions. Tandis que la sagesse qui vient d'en haut est d'abord pure, puis pacifique, douce, conciliante, pleine de miséricorde et de bons fruits, impartiale et sincère. Car ceux qui font œuvre de paix sèment dans la paix un fruit de justice. D'où viennent les guerres et les querelles qui sont parmi vous ? Ne viennent-elles pas de vos passions qui font la guerre dans vos membres ? Vous êtes pleins de désirs et vous ne pouvez pas posséder ; vous tuez, vous êtes envieux et vous ne pouvez pas obtenir ; vous vous battez et vous faites la guerre ! Vous n'avez pas parce que vous ne demandez pas ; vous demandez et n'obtenez pas parce que vous demandez mal, c'est-à-dire pour satisfaire vos passions. Dans la lecture que nous avons écoutée, saint Jacques dénonce les jalousies et les rivalités qui conduisent au désordre et à toutes sortes de mauvaises actions. L'apôtre nous conseille de nous attacher à la "sagesse qui vient d'en haut". Cette sagesse "est d'abord pure, puis pacifique, bienveillante, conciliante, pleine de miséricorde et féconde en bons fruits, sans préjugés, sans hypocrisie". Se laisser guider par la sagesse du monde conduit au désordre et au mal. La soif d'enrichissement justifie l'utilisation de tous les moyens, y compris la violence et le meurtre. C'est la convoitise qui est à l'origine des guerres, de la violence et du mal. La vraie Lumière, nous ne la trouvons que dans la Sagesse qui vient de Dieu ; elle est "justice, paix, tolérance, intelligence, féconde en bienfaits". Elle transforme nos cœurs et fera de nous des artisans de paix.

- *Adoration silencieuse*

❖ **De l'Évangile selon Marc** 9, 30-37

En ce temps-là, Jésus traversait la Galilée avec ses disciples, et il ne voulait pas qu'on le sache, car il enseignait ses disciples en leur disant : « Le Fils de l'homme est livré aux mains des hommes ; ils le tueront et, trois jours après sa mort, il ressuscitera. » Mais les disciples ne comprenaient pas ces paroles et ils avaient peur de l'interroger. Ils arrivèrent à Capharnaüm, et, une fois à la maison, Jésus leur demanda : « De quoi discutiez-vous en chemin ? » Ils se taisaient, car, en chemin, ils avaient discuté entre eux pour savoir qui était le plus grand. S'étant assis, Jésus appela les Douze et leur dit : « Si quelqu'un veut être le premier, qu'il soit le dernier de tous et le serviteur de tous. » Prenant alors un enfant, il le plaça au milieu d'eux, l'embrassa, et leur dit : « Quiconque accueille en mon nom un enfant comme celui-ci, c'est moi qu'il accueille. Et celui qui m'accueille, ce n'est pas moi qu'il accueille, mais Celui qui m'a envoyé. »

Réflexion

L'Évangile de saint Marc dénonce une tentation qui divise la société, l'Église ; selon les mots du pape François, il s'agit du "désir mondain d'avoir le pouvoir", du désir et de la volonté d'"aller plus haut". Tout cela se passe à un moment où Jésus parle de "service et d'humilité". En écoutons cet évangile, l'on se rend compte que les apôtres n'ont rien compris : Jésus vient de leur parler de son humiliation, de sa mort et de sa résurrection, tandis qu'eux pensent au pouvoir. Ils sont tentés par la mentalité mondaine. Pour Jésus, c'est l'occasion de faire une déclaration très ferme : "Si quelqu'un veut être le premier, qu'il soit le dernier de tous et le serviteur de tous" (Mc 9,35). Cet enseignement de Jésus s'applique également à chacun d'entre nous. Sur la route que Jésus nous indique, le service est la règle : le plus grand est celui qui sert, celui qui est le plus au service des autres. Par-dessus tout, ce n'est pas celui qui se vante ou qui cherche l'argent et le pouvoir. La vraie grandeur, c'est l'acceptation et le service des petits. Ce service est élevé au rang de service de Dieu. Le Seigneur veut nous libérer de cette recherche de soi. Dans l'Évangile, il nous rappelle que les vrais grands ne sont pas ceux qui recherchent les premières places et les honneurs, mais ceux dont le cœur est ouvert et servent les autres, notamment les pauvres.

- *Adoration silencieuse*

Supplication

R/- Écoute-nous, O Seigneur.
Accorde-nous, Seigneur, d'être constamment vigilants, à ton exemple, humble serviteur du Père, dans l'attente de ta manifestation dernière. **R/**

Renouvelle, ô Seigneur Jésus, tout notre être : l'esprit, l'âme et le corps ; fais que nous soyons irréprochables à ton retour. **R/**

Donne-nous de vivre notre vie dans la foi et de vivre dans ce monde avec justice et amour. **R/**

Accorde à tous les hommes de se revêtir de toi et d'être remplis de l'esprit de service et d'humilité. **R/**

Lumière éternelle, qui se lève à l'horizon du monde pour dissiper nos ténèbres, réveille en nous la foi et l'espérance. **R/**

Apprends-nous à être doux et bienveillants envers tous, et à témoigner de ton Évangile dans notre vie quotidienne. **R/**

Abattez les montagnes de haine et d'orgueil qui divisent les nations et nos communautés de vie, ouvre la voie à la concorde et à la paix. **R/**

- *Intentions libres…*

- Prière du Seigneur : Notre Père, qui es aux cieux…

Oraison

Seigneur Jésus, contrairement à ce que l'on pourrait penser, nous naissons vieux et toute la vie nous est donnée pour redevenir des enfants, capables d'être l'icône de ton étreinte miséricordieuse qui s'étend à tous et à chacun. Soutiens-nous dans notre combat spirituel contre tout ce qui, en nous, s'oppose - parfois avec tant de force - à la simplicité de nos cœurs, pour être plus sereins et plus humains. Amen.

Bénédiction +

Louanges divines

Dieu soit béni
Béni soit Son Saint Nom
Béni soit Jésus Christ, vrai Dieu et vrai Homme
Béni soit le Nom de Jésus
Béni soit Son Sacré Cœur

Béni soit Son Précieux Sang
Béni soit Jésus au Très Saint Sacrement de l'autel
Béni soit l'Esprit Saint Consolateur
Bénie soit l'Auguste Mère de Dieu, la Très Sainte Vierge Marie,
Bénie soit Sa Sainte et Immaculée Conception
Bénie soit Sa Glorieuse Assomption
Béni soit le Nom de Marie, Vierge et Mère
Béni soit Saint Joseph, Son Très Chaste Epoux
Béni soit Dieu dans Ses Anges et dans Ses Saints.

Proposition 3

« Heureux l'homme qui se confie au Seigneur. » (Jr 17,7)

- *Signe de la Croix*
- *Chant d'adoration*

- ***Monition :***

Réunis en présence de notre Seigneur, ouvrons nos cœurs pour écouter Jésus, notre Frère et Sauveur, et à réfléchir davantage sur le vrai sens de notre vie chrétienne et de nos engagements chrétiens quotidiens. Le texte des béatitudes nous aidera à fixer notre regard sur Lui. Rappelons-nous que les béatitudes sont un chant d'attente qui annonce la joie à ceux qui sont dans la peine et qui, par cette annonce, les ouvre à l'espérance de la plénitude du bonheur qui brille déjà à l'horizon. Cherchons toujours à faire le bien devant Dieu et aussi devant les hommes en donnant des raisons d'espérer : si nous devons souffrir pour être cohérents avec notre réalité d'enfants de Dieu, nous devons le faire avec la gratitude et la joie spirituelle dans le cœur, pour contribuer dans une certaine mesure au salut de tous nos frères et du monde entier.

- *Adoration silencieuse*

❖ Psaume 1

R/ Heureux l'homme qui se confie au Seigneur.

Heureux l'homme qui ne suit pas le conseil des méchants,
qui ne s'arrête pas sur la voie des pécheurs
et ne s'assied pas en compagnie des moqueurs,
mais qui trouve son plaisir dans la loi de l'Eternel et la médite jour et nuit!

Il ressemble à un arbre planté près d'un cours d'eau :
il donne son fruit en sa saison, et son feuillage ne se flétrit pas.
Tout ce qu'il fait lui réussit.

Les méchants, au contraire, ressemblent à la paille que le vent disperse.
Voilà pourquoi les méchants ne résistent pas lors du jugement,
ni les pécheurs dans l'assemblée des justes.

En effet, l'Eternel connaît la voie des justes,
mais la voie des méchants mène à la ruine.

- *Adoration silencieuse*

Parole de Dieu

❖ **De l'Évangile selon Luc** 6, 17, 20-26

En ce temps-là, Jésus descendit de la montagne avec les Douze et s'arrêta sur un terrain plat. Il y avait là un grand nombre de ses disciples, et une grande multitude de gens venus de toute la Judée, de Jérusalem, et du littoral de Tyr et de Sidon. Et Jésus, levant les yeux sur ses disciples, déclara : « Heureux, vous les pauvres, car le royaume de Dieu est à vous. Heureux, vous qui avez faim maintenant, car vous serez rassasiés. Heureux, vous qui pleurez maintenant, car vous rirez. Heureux êtes-vous quand les hommes vous haïssent et vous excluent, quand ils insultent et rejettent votre nom comme méprisable, à cause du Fils de l'homme. Ce jour-là, réjouissez-vous, tressaillez de joie, car alors votre récompense est grande dans le ciel ; c'est ainsi, en effet, que leurs pères traitaient les prophètes. Mais quel malheur pour vous, les riches, car vous avez votre consolation ! Quel malheur pour vous qui êtes repus maintenant, car vous aurez faim ! Quel malheur pour vous qui riez maintenant, car vous serez dans le deuil et vous pleurerez ! Quel malheur pour vous lorsque tous les hommes disent du bien de vous ! C'est ainsi, en effet, que leurs pères traitaient les faux prophètes. »

Réflexion

Ces béatitudes s'adressent à ceux qui ont déjà choisi le Seigneur, les disciples. Le suivre signifie tout abandonner (Lc 9,23), renoncer au confort (Lc 9,58), se faire détester (Jn 17,14), s'éloigner des cercles du pouvoir, de l'argent et des honneurs (Jn 16,2). Le croyant qui réussit partout, qui reçoit les honneurs et la considération du monde, qu'il tremble, qu'il soit troublé, car il sera avalé et digéré par le monde qui aime posséder (Jn 15,19). Il ne s'agit pas de démagogie ou de peur de la vie. Jésus n'est pas un savant professeur d'éthique, ni un auteur systématique de traités de morale. Sa prédication est une dénonciation prophétique : des phrases courtes et des contrastes forts. Ses paroles se réfèrent à des situations actuelles : l'abondance des biens, la recherche insatiable du plaisir, le désir de succès et d'applaudissements... tous ces facteurs qui sont à l'origine de la pauvreté et de la faim. Toutes ces prétentions produisent de la vanité et donnent une fausse sécurité, elles nous rendent orgueilleux, en nous faisant croire que nous sommes plus importants que les autres ; elles déifient, endurcissent et corrompent. Les béatitudes nous mettent sérieusement en garde : affermissons-nous dans la vérité de Jésus et essayons de ne pas nous tromper au moment décisif.

- *Adoration silencieuse*

Supplication

Notre Dieu est celui qui est toujours du côté des pauvres, des affligés, des affamés et des persécutés. Nous lui présentons ces situations d'aujourd'hui dans la prière et lui demandons de les résoudre selon son amour. Prions ensemble et disons :
Que ton règne vienne, Seigneur !

Pour les hommes et les femmes qui vivent dans la pauvreté : qu'ils soient comblés de la richesse de Dieu grâce à la solidarité des croyants en Christ :
Que ton règne vienne, Seigneur !

Pour ceux qui ont choisi la pauvreté par amour du Christ : qu'ils soient pour tous la prophétie d'une vie qui ne soit pas conditionnée par les lois économiques des riches :
Que ton règne vienne, Seigneur !

Pour ceux qui pleurent à cause de la maladie, de la solitude, de l'indifférence des autres : qu'ils rencontrent le Royaume de Dieu dans la proximité attentive et discrète des croyants en Christ :
Que ton règne vienne, Seigneur !

Pour les peuples frappés par des maladies, rendues incurables à cause de la pauvreté : que la présence désintéressée des missionnaires de l'Évangile soit pour eux un signe de la venue du Royaume de Dieu :
Que ton règne vienne, Seigneur !

Pour les persécutés en raison de leur fidélité à l'Évangile : qu'ils trouvent consolation et espérance dans la contemplation de la passion du Christ, leur Maître :
Que ton règne vienne, Seigneur !

Pour tous ceux qui sont tués en exprimant la douleur des gens ou en accomplissant leur devoir au-delà du seuil de la mort, qu'ils se sentent embrassés par la paternité d'un Dieu qui défend tous les opprimés :
Que ton règne vienne, Seigneur !

- *Intentions libres ...*
- Prière du Seigneur : Notre Père, qui es aux cieux…

Oraison finale

Dieu, Père bon, qui nous as donné, en ton Fils unique, le prêtre compatissant envers les pauvres et les affligés, entends le cri de notre prière et fais voir à tous les hommes le don de ta miséricorde. Par notre Seigneur Jésus-Christ, ton Fils, qui est Dieu, et qui vit et règne avec toi, dans l'unité du Saint-Esprit, pour les siècles des siècles.

Bénédiction +

Antienne à la Vierge Marie

Salue, Marie, Mère de Dieu et de l'Église. Vers toi, nous nous tournons avec joie, car en toi le Seigneur a fait des merveilles. Salue, O Mère ! Tu es notre sœur, tu connais la vie humaine, ta foi donne de la force à nos pas. Très Sainte Vierge Marie, Notre Mère, tu es l'étoile qui nous précède sur le chemin.

Proposition 4

« Celui qui veut être parmi vous le premier sera l'esclave de tous » (Mt 20,26)

- *Au nom du Père, du Fils et du Saint-Esprit. Amen*
- *Chant d'adoration*

- *Monition :*

Le thème de la solidarité est omniprésent dans les textes que nous méditerons au cours de cette adoration. Il ne s'agit pas de celle entre les hommes, résultat, dans le meilleur des cas, d'une volonté de faire face à des difficultés communes pour les surmonter plus facilement, mais de celle qui existe entre Dieu et l'homme, à partir de sa libre décision d'appartenir à notre race humaine. En Jésus, Dieu est vraiment l'un de nous. Là où règne l'individualisme le plus exaspéré, la communion de vie jusqu'à la mort que réalise notre Grand Prêtre est un enseignement, une promesse et une relation de pleine participation à sa gloire. On la reçoit, non par demande, ni par mérite, mais dans le partage avec ceux qui lui appartiennent et dont il connaît les douleurs pour les avoir vécues.

- *Adoration silencieuse*

❖ Psaume 104 :

R/: Le Seigneur s'est toujours souvenu de son allianc*e.*

Rendez grâce au Seigneur, proclamez son nom,
annoncez parmi les peuples ses hauts faits ;
chantez et jouez pour lui,
redites sans fin ses merveilles.

Glorifiez-vous de son nom très saint :
joie pour les cœurs qui cherchent Dieu !
Cherchez le Seigneur et sa puissance,
recherchez sans trêve sa face.

Vous, la race d'Abraham son serviteur,
les fils de Jacob, qu'il a choisis.
Le Seigneur, c'est lui notre Dieu :
ses jugements font loi pour l'univers.

Il s'est toujours souvenu de son alliance,
Parole édictée pour mille générations :
promesse faite à Abraham, garantie par serment à Isaac.

- *Adoration silencieuse*

Écoute de la Parole de Dieu

❖ De l'Évangile selon Marc 10,35-45

En ce temps-là, Jacques et Jean, les fils de Zébédée, s'approchent de Jésus et lui disent : « Maître, ce que nous allons te demander, nous voudrions que tu le fasses pour nous. » Il leur dit : « Que voulez-vous que je fasse pour vous ? » Ils lui répondirent : « Donne-nous de siéger, l'un à ta droite et l'autre à ta gauche, dans ta gloire. » Jésus leur dit : « Vous ne savez pas ce que vous demandez. Pouvez-vous boire la coupe que je vais boire, être baptisés du baptême dans lequel je vais être plongé ? » Ils lui dirent : « Nous le pouvons. » Jésus leur dit : « La coupe que je vais boire, vous la boirez ; et vous serez baptisés du baptême dans lequel je vais être plongé. Quant à siéger à ma droite ou à ma gauche, ce n'est pas à moi de l'accorder ; il y a ceux pour qui cela est préparé. » Les dix autres, qui avaient entendu, se mirent à s'indigner contre Jacques et Jean. Jésus les appela et leur dit : « Vous le savez : ceux que l'on regarde comme chefs des nations les commandent en maîtres ; les grands leur font sentir leur pouvoir. Parmi vous, il ne doit pas en être ainsi. Celui qui veut devenir grand parmi vous sera votre serviteur. Celui qui veut être parmi vous le premier sera l'esclave de tous : car le Fils de l'homme n'est pas venu pour être servi, mais pour servir, et donner sa vie en rançon pour la multitude ».

Réflexion

Trois fois Jésus annonce sa passion, et trois fois ses disciples ne comprennent pas. Dans ce passage, nous trouvons la troisième annonce de sa passion et de sa mort : et cette annonce est suivie de la question des fils de Zébédée, soucieux de leur honneur et de leur place sur le trône, but de leur ambition. Combien de fois adressons-nous la même demande au Christ ? Mais la réponse ne change pas. Nous sommes tous concernés, nous sommes tous touchés, nous sommes tous observés par le Christ, du haut de la croix, qui nous regarde et nous aime, qui nous appelle à comprendre que notre destin est centré sur sa croix, non sur le pouvoir.

- *Méditation silencieuse. Elle peut se conclure avec un chant*

Supplication

Tournons-nous vers le Seigneur avec confiance pour que s'accomplisse en nous sa volonté de salut et disons : ***Écoute-nous, Seigneur.***

Seigneur Jésus, donne-nous un cœur libre, fais que nous soyons disposés à te suivre et à t'imiter dans l'action de grâce et la louange, à te servir dans la tâche que tu nous confies et dans la charité à l'égard de nos frères et sœurs :

Écoute-nous, Seigneur

Seigneur Jésus, donne-nous la grâce d'éduquer dans la foi et de transmettre aux enfants et aux jeunes la joie de la vie chrétienne :
Écoute-nous, Seigneur

Seigneur Jésus, inspire les responsables des nations et des Institutions publiques, afin qu'abandonnant tout intérêt personnel, ils se disposent à un service généreux et fidèle :
Écoute-nous, Seigneur

- Prière du Seigneur : Notre Père, qui es aux cieux…

Oraison

Que la participation à cette adoration, Seigneur, nous obtienne l'aide dont nous avons besoin pour notre vie présente, dans l'espérance des biens éternels. Par le Christ notre Seigneur. Amen

Chant à la Vierge Marie ou Antienne

Salut, reine, mère de la miséricorde.
Vie, douceur, espérance des hommes salut !
Enfants d'Ève, nous crions vers toi dans notre exil.
Vers toi, nous soupirons parmi les cris et les pleurs
de cette vallée de larmes
Ô toi, notre avocate,
tourne vers nous
ton regard plein de bonté.
Et montre-nous Jésus le fruit béni de tes entrailles,
à l'issue de cet exil.
Ô clémente ! Ô bonne ! Ô douce Vierge Marie.

Proposition 5

« Convertissez-vous, car le royaume des Cieux est tout proche. » (Mt 4,17)

- *Signe de la Croix*
- *Chant d'adoration*
- *Louange :*

A. Béni soit le Saint Nom de Jésus
T. Dans le très saint sacrement
A. Frères et sœurs, mettons-nous en présence du Seigneur qui nous regarde sans paroles, Il est là devant nous dans le très saint sacrement, allons tous vers Lui.
Ouvrons les yeux de notre cœur.

- *Adoration silencieuse*

À toi la louange (*Prière inspirée du Psaume 8)*

R/ : À toi la louange et la gloire pour les siècles des siècles.

Tu as créé l'homme à ton image, Seigneur,
et tu l'appelles à te ressembler. R/
Lève ta lumière sur ceux qui sont couverts par l'ombre du doute ou du sectarisme.
Brise le joug qui pèse sur les humbles et tends la main à ceux qui risquent de sombrer. R/
Ouvre nos cœurs à la parole de ton Fils.Donne-nous d'être à notre tour témoins et porteurs de son amour parmi les hommes. R/
Alors nous nous réjouirons comme on se réjouit de la moisson.
Que ton esprit guide notre prière. R/

Invocation au Saint Esprit

Esprit-Saint, force et lumière, viens dans nos cœurs et transforme-les.
Force des Apôtres et éclaireur de la mission.
Tu redonnes vie et tu sanctifies.
Dans la tiédeur de nos vies sois force,
Dans le doute, notre assurance,
Dans le mensonge notre vérité
Renforce en nous la foi et nous deviendrons les vrais fils du Père.
Ô Esprit du Père, accompagne-nous dans cette prière.

- *Prière silencieuse*

Écoute de la Parole de Dieu

❖ **De l'Évangile selon Matthieu** 4, 12-23

Quand Jésus apprit l'arrestation de Jean le Baptiste, il se retira en Galilée. Il quitta Nazareth et vint habiter à Capharnaüm, ville située au bord de la mer de Galilée, dans les territoires de Zabulon et de Nephtali. C'était pour que soit accomplie la parole prononcée par le prophète Isaïe : Pays de Zabulon et pays de Nephtali, route de la mer et pays au-delà du Jourdain, Galilée des nations ! Le peuple qui habitait dans les ténèbres a vu une grande lumière. Sur ceux qui habitaient dans le pays et l'ombre de la mort, une lumière s'est levée. À partir de ce moment, Jésus commença à proclamer : « Convertissez-vous, car le royaume des Cieux est tout proche. ». Comme il marchait le long de la mer de Galilée, il vit deux frères, Simon, appelé Pierre, et son frère André, qui jetaient leurs filets dans la mer ; car c'étaient des pêcheurs. Jésus leur dit : « Venez à ma suite, et je vous ferai pêcheurs d'hommes. » Aussitôt, laissant leurs filets, ils le suivirent ? De là, il avança et il vit deux autres frères, Jacques, fils de Zébédée, et son frère Jean, qui étaient dans la barque avec leur père, en train de réparer leurs filets. Il les appela. Aussitôt, laissant la barque et leur père, ils le suivirent Jésus parcourait toute la Galilée ; il enseignait dans leurs synagogues, proclamait l'Évangile du Royaume, guérissait toute maladie et toute infirmité dans le peuple.

Réflexion

La fidélité de Dieu est promise à tous ceux qui sont accablés par les fardeaux de la vie et l'angoisse de la mort. Cette vision prophétique se réalise en Jésus lorsqu'il quitte Nazareth et commence à prêcher en Galilée. C'est ici, en Galilée, parmi les pauvres, que Jésus a commencé sa prédication. Jésus voulait que la prédication parte de la région la plus déshéritée, que la proclamation du royaume parte des gens les plus humbles. Et c'est là, en Galilée, que Jésus a repris la prédication de Jean, réduite à un silence forcé : "Repentez-vous, car le Royaume des cieux est proche".

Que chacun regarde dans son propre cœur, dans quelle Galilée le Seigneur l'envoie. Aujourd'hui, chacun veut rester enfermé dans sa propre réalité, une fois de plus l'église nous invite à sortir de nous-mêmes pour aller vers les autres réalités, parfois désintéressantes. L'histoire de la libération est l'histoire d'hommes et de femmes qui voient la lumière, qui entendent la Parole de Dieu et la gardent dans leur cœur. Cette Parole était chère dans l'histoire de Pierre, d'André, de Jean et de Jacques. Mais c'est aussi notre humble histoire de croyants, de disciples de l'Évangile qui semble s'y manifester. Jésus les a vus et les a appelés : "Suis-moi". Ils l'ont écouté et l'ont suivi. La vie chrétienne est un appel quotidien ou à chaque étape de la vie. Mais pourquoi le suivre ? Pourquoi abandonner, hier comme aujourd'hui, sa propre terre, ses habitudes bien ancrées, ses sûretés solides ? C'est difficile à expliquer, mais ce n'est pas un mystère. Le pourquoi trouve son sens dans la Parole et l'amour de Dieu. La foi efface l'indécision, la sécheresse, l'insensibilité ; elle ouvre les yeux et le cœur.

- *Adoration silencieuse*

Demande de pardon

Seigneur, qui n'est pas venu pour condamner mais pour pardonner, aie pitié de nous :
Kyrie, eléison.
Christ, qui festoies lorsqu'un pécheur se convertit, prends pitié de nous :
Kriste, eléison.
Seigneur, qui pardonne beaucoup à ceux qui aiment beaucoup, prends pitié de nous :
Kyrie, eléison.

Supplication

Nous avons accueilli dans la foi la parole que Dieu nous a adressée. Prions maintenant pour qu'elle s'accomplisse aujourd'hui comme au début de la prédication de l'Évangile. Prions ensemble et disons :
Que ta parole s'accomplisse, Seigneur.

Pour toutes les églises chrétiennes, en mettant en pratique l'Évangile du Christ qu'elles s'efforcent de surmonter les divergences et parvenir à une vraie communion, afin que le monde croie :
Que ta parole s'accomplisse, Seigneur.

Pour les chrétiens, afin qu'en s'approchant plus assidûment de l'Ecriture Sainte, apprennent à reconnaître le plan providentiel du Père dans l'histoire et dans leur expérience quotidienne :
Que ta parole s'accomplisse, Seigneur.

Pour les évangélisateurs, les catéchistes, les lecteurs, afin que, par leur ministère, la Parole de Dieu soit semée largement, qu'elle germe et porte du fruit dans les cœurs, et qu'elle se répande partout :
Que ta parole s'accomplisse, Seigneur.

Pour tous ceux qui ne peuvent pas être atteints par l'annonce de l'Évangile ou qui ne veulent pas l'accepter, afin que l'Esprit ouvre leur cœur à une rencontre avec le Seigneur et les rende ouverts à la conversion :
Que ta parole s'accomplisse, Seigneur.

Pour nous tous, ici présents, afin que nous ne laissions pas la Parole de Dieu, offerte en abondance chaque jour, tomber dans les oreilles des sourds, mais que, l'accueillant dans la foi, nous la laissions agir dans nos vies :
Que ta parole s'accomplisse, Seigneur.

- Prière du Seigneur : Notre Père, qui es aux cieux…

Oraison

Accorde, ô Dieu Père, à tes fidèles d'élever un chant de louange à l'Agneau immolé pour nous et caché dans ce saint Mystère, et accorde-nous de le contempler un jour dans la splendeur de ta gloire. Par le Christ notre Seigneur. Amen.

Antienne à la Bienheureuse Vierge Marie

Salve, Regína, Mater misericórdiae,
vita, dulcédo et spes nostra, salve.
Ad te clamámus, éxsules filii Evae.
Ad te suspirámus geméntes et flentes in hac lacrimárum valle.
Eia ergo, advocáta nostra,
illos tuos misericórdes óculos ad nos convérte.
Et Iesum, benedíctum fructum ventris tui,
nobis, post hoc exsílium, osténde.
O Clemens, o pia, o dulcis, Virgo Maria.

Adoration en diverses circonstances

« Remerciez Dieu en toute circonstance. Voilà ce que Dieu demande de vous, dans votre vie avec Jésus-Christ » (1Th 5,18).

L'adoration eucharistique ne peut être limitée aux temps liturgiques. L'Ostie consacrée exposée sur l'autel d'une église, chapelle, oratoire ou conservée dans le tabernacle, appelle toujours à l'adoration des fidèles. Ainsi peut-on porter une intention quelconque à Jésus, en la lui présentant à l'heure de l'adoration. Dans cet optique nous faisons les propositions suivantes.

Adoration pour l'unité de la famille

« Donc, ce que Dieu a uni, que l'homme ne le sépare pas !» (Mc 10,9)

- *Signe de la Croix*
- *Chant d'adoration ou l'hymne de louange*
- *Adoration silencieuse*

Hymne de louange

Louez le Seigneur, louez-le, chantez son nom.
Louez le Seigneur, car tout ce qu'il fait est bon.
Louons-le, car il nous a donné les yeux du
coeur pour voir son amour et sa beauté.

Loué soit-il, parce qu'il a créé l'univers
Et fait l'homme à son image,
Loué soit Dieu pour notre travail, pour ces machines,
ces maisons et ces villes.

Loué soit l'homme avec lui,
et heureux est-il lorsqu'il protège la terre
et use ses capacités dans le strict respect
de la vie, quand il aime et que la joie se répand,
véritable ami de mon Seigneur.

Bien que si grand, il me parle et m'aime ;
c'est parce qu'il m'aime qu'il se soit fait homme :
C'est parce qu'il existe et qu'il donne de la joie qu'on le loue,
et c'est de la joie qu'il donne qu'il jouit.

Louez tous le Seigneur, même dans la peine et le chagrin
Pour chaque goutte de joie cachée dans le cœur vivant de toutes choses.

Invocation au Saint Esprit

Veni, creátor Spíritus, Qui díceris Paráclitus,
Mentes tuòrum vísita, altíssimi donum Dei,
imple supérna grátia, fons vivus, ignis, cáritas,
quæ tu creásti péctora. Et spiritális únctio.

Tu septifòrmis múnere, accénde lumen sénsibus,
dígitus patérnæ déxteræ, infúnde amórem córdibus,

tu rite promíssum Patris, infírma nostri córporis
sermóne ditans gúttura. virtúte firmans pérpeti.

- *Prière silencieuse*

Écoute de la Parole de Dieu

❖ **De l'évangile selon saint Marc 10, 2-16**

En ce temps-là, des pharisiens abordèrent Jésus et, pour le mettre à l'épreuve, ils lui demandaient : « Est-il permis à un mari de renvoyer sa femme ? » Jésus leur répondit : « Que vous a prescrit Moïse ? » Ils lui dirent : « Moïse a permis de renvoyer sa femme à condition d'établir un acte de répudiation. » Jésus répliqua : « C'est en raison de la dureté de vos cœurs qu'il a formulé pour vous cette règle. Mais, au commencement de la création, Dieu les fit homme et femme. À cause de cela, l'homme quittera son père et sa mère, il s'attachera à sa femme, et tous deux deviendront une seule chair. Ainsi, ils ne sont plus deux, mais une seule chair. Donc, ce que Dieu a uni, que l'homme ne le sépare pas ! » De retour à la maison, les disciples l'interrogeaient de nouveau sur cette question. Il leur déclara : « Celui qui renvoie sa femme et en épouse une autre devient adultère envers elle. Si une femme qui a renvoyé son mari en épouse un autre, elle devient adultère.

Réflexion

Marc nous plonge au cœur d'une querelle de mariage. Jésus, cependant, ne veut pas entrer dans une discussion et va au cœur du problème : il nous rappelle la triste réalité de l'homme pécheur, au cœur endurci, qui a oublié sa condition et sa vocation originelles. Reprenant le passage de la Genèse, Jésus réaffirme l'unité des époux dans la volonté créatrice de Dieu, signe de l'alliance que le Seigneur lui-même a conclue avec Israël. L'Évangile présente donc une situation familiale qui n'est plus conforme au plan de Dieu : le péché est entré et a empoisonné l'œuvre merveilleuse du Seigneur. L'homme et la femme ont endurci leur cœur et se sont écartés du plan de Dieu : l'égoïsme est devenu la loi suprême et le caprice un droit. C'est dans cet esprit que "des pharisiens s'approchèrent et, pour l'éprouver, demandèrent à Jésus, s'il était permis à un mari de répudier sa femme". Marc poursuit en disant que Jésus répond sans hésiter : "Que personne ne sépare ce que Dieu a uni". Par cette réponse, le Seigneur veut nous faire comprendre que la famille est une unité voulue par Dieu et que, par conséquent, l'homme ne doit jamais oser séparer ce que Dieu a uni. La réponse de Jésus aux Pharisiens est tranchante et laisse tout le monde en haleine. Même les disciples sont impressionnés et "à la maison, ils l'interrogèrent de nouveau sur ce sujet". La réponse de Jésus est encore plus claire : "Celui qui répudie sa femme et en épouse une autre commet un adultère à son égard ; et si, ayant répudié son mari, elle en épouse un autre, elle commet un adultère". Jésus, notons-le, défend l'unité de la famille jusqu'au bout. Et à sa suite, son Église continue de la défendre face à toutes les éventualités et les dérapages actuels. De nos jours, il y a tant de familles brisées, pourquoi ne pas en prendre note ? Pourquoi continuer à rester ensemble ? Humainement, le raisonnement semble juste, mais le Christ ne raisonne pas ainsi. La rupture du lien conjugal est toujours une blessure pour la création. Aujourd'hui, malheureusement, nous assistons à l'éclatement de nombreuses familles, et il y a toujours un péché, une faute derrière cela. Mais le Seigneur ne cède jamais au péché, il ne qualifie jamais de "juste" ce qui n'est qu'égoïsme et refus d'aimer. Mais il y a aussi beaucoup de situations extrêmement complexes qu'il faut regarder avec compréhension et miséricorde. Avant tout, il faut sauvegarder la richesse d'une décision qui lie pour la vie et fait de deux personnes "une seule chair". L'Église, comprise comme la famille de Dieu, devient l'image même de la famille née du sacrement du mariage.

- *Adoration silencieuse*

Prière d'action de grâce

Nous te bénissons, Seigneur, car tu nous as donné l'amour, la joie de vivre ensemble et un objectif commun à poursuivre. Nous te bénissons, parce que tu nous donnes la patience dans la douleur, la force dans la faiblesse ; tu nous procure le travail et la nourriture. Merci Seigneur pour tous tes bienfaits.

Supplication

Animateur : l'évangile écouté a illuminé et fortifié l'amour que nous cherchons à vivre dans nos familles. Prions afin que dans chacune d'elles se renforce l'amour fidèle et durable auquel Jésus nous invite. Prions et disons ensemble :
Exauce-nous, O Seigneur.

Pour l'Église, épouse du Christ, qu'elle soit une source de félicité authentique, et lieu de miséricorde pour les personnes plongées dans la haine et l'indifférence dangereuse : ***Exauce-nous, O Seigneur.***

Pour les enfants sans parents ni famille d'accueil, afin qu'ils soient accueillis dans des lieux qui garantissent leur vie et leur avenir :
Exauce-nous, O Seigneur.

Pour les personnes qui se préparent au mariage, mais qui n'ont pas assez des moyens matériels et spirituels pour mener une vie digne, afin que le Seigneur leur ouvre les portes de la générosité des frères et sœurs en Jésus-Christ :
Exauce-nous, O Seigneur.

Pour les familles de notre communauté, afin que vivant dans l'amour du Christ, soient les témoins de la grandeur du mariage chrétien :
Exauce-nous, O Seigneur.

- Prière du Seigneur : Notre Père, qui es aux cieux…

Oraison

Seigneur Jésus Christ, dans cet admirable sacrement, tu nous as laissé le mémorial de ta passion ; donne-nous de vénérer d'un si grand amour le mystère de ton corps et de ton sang, que nous puissions recueillir sans cesse le fruit de ta rédemption. Toi qui vis et règne avec le Père et le Saint Esprit, pour les siècles des siècles. Amen.

Louanges divines

Dieu soit béni
Béni soit son saint Nom
Béni soit Jésus Christ, vrai Dieu et vrai Homme
Béni soit le Nom de Jésus
Béni soit son Sacré Cœur
Béni soit son Précieux Sang
Béni soit Jésus au Très Saint Sacrement de l'Autel
Béni soit l'Esprit Saint consolateur
Bénie soit l'Auguste Mère de Dieu, la Très Sainte Vierge Marie
Bénie soit sa sainte et immaculée conception
Bénie soit sa glorieuse Assomption
Béni soit le nom de Marie Vierge et Mère
Béni soit saint Joseph, son très chaste époux
Béni soit Dieu dans ses anges et dans ses saints

Adoration pour la paix

« Je vous donne ma paix, je vous laisse ma paix » (Jn 14,27).

- *Signe de la Croix*
- *Chante d'adoration*
- *Adoration silencieuse*

Oraison initiale

Ô Jésus, qui as voulu établir ta présence d'amour et de paix parmi nous, nous te remercions et nous t'adorons. Toi qui es "venu dans le monde pour proclamer la paix et unir les peuples en brisant les murs de la division et de l'inimitié", fais de nous des artisans de paix. Donne-nous la force et la constance de faire généreusement notre part pour offrir la justice et la charité à tous, et ainsi commencer un monde meilleur, où ta paix règne. Accorde-nous de ne pas rester passifs face aux maux et aux injustices que nous voyons : rends-nous humbles et forts, cohérents et actifs pour vaincre le mal par la bonté et l'amour. Éloigne, Seigneur, de tous les peuples les fléaux de la guerre et de la faim, et accorde à nous et à tous les hommes cette paix que le monde ne peut donner. Car toi seul "es notre paix", car tu as détruit toute injustice par ta mort sur la croix, et tu as réconcilié l'humanité avec Dieu.

Écoute de la Parole de Dieu

❖ **De la lettre de saint Paul Apôtre aux Éphésiens** 2,12-22

Frères, au temps où vous étiez païens, vous n'aviez pas le Christ, vous n'aviez pas droit de cité avec Israël, vous étiez étrangers aux alliances et à la promesse, vous n'aviez pas d'espérance et, dans le monde, vous étiez sans Dieu. Mais maintenant, dans le Christ Jésus, vous qui autrefois étiez loin, vous êtes devenus proches par le sang du Christ. C'est lui, le Christ, qui est notre paix : des deux, le Juif et le païen, il a fait une seule réalité ; par sa chair crucifiée, il a détruit ce qui les séparait, le mur de la haine ; il a supprimé les prescriptions juridiques de la loi de Moïse. Ainsi, à partir des deux, le Juif et le païen, il a voulu créer en lui un seul Homme nouveau en faisant la paix, et réconcilier avec Dieu les uns et les autres en un seul corps par le moyen de la croix ; en sa personne, il a tué la haine. Il est venu annoncer la bonne nouvelle de la paix, la paix pour vous qui étiez loin, la paix pour ceux qui étaient proches. Par lui, en effet, les uns et les autres, nous avons, dans un seul Esprit, accès auprès du Père. Ainsi donc, vous n'êtes plus des étrangers ni des gens de passage, vous êtes concitoyens des saints, vous êtes membres de la famille de Dieu, car vous avez été intégrés dans la construction qui a pour fondations les Apôtres et les prophètes ; et la pierre angulaire, c'est le Christ Jésus lui-même. En lui, toute la construction s'élève harmonieusement pour devenir un temple saint dans le Seigneur. En lui, vous êtes, vous aussi, les éléments d'une même construction pour devenir une demeure de Dieu par l'Esprit Saint.

Réflexion

Le problème de la paix, avec celui de la faim, est l'un de deux plus grands problèmes du monde par rapport aux deux plus grands fléaux : la guerre et la famine. Tous deux sont très graves. La famine entraîne la mort et, dans certaines régions du monde, il arrive que plus de la moitié des enfants meurent avant l'âge de trois ans. Mais la guerre aussi, surtout la guerre moderne, conduit à la destruction de la vie humaine, à la destruction massive. Je crois qu'il existe une tentation très insidieuse et dangereuse : celle de confondre la paix, la vraie paix, avec la simple absence de guerre. Ce qui compte, ce n'est pas tant le désarmement des mains que celui des esprits et des cœurs. Entre deux êtres, deux communautés qui ont déposé les armes mais restent hostiles, il n'y a pas de paix. La paix ne consiste qu'en une disposition bienveillante et réciproque envers l'autre, c'est-à-dire envers ceux qui sont différents de nous, envers ceux qui sont devant nous... La diversité des hommes est un fait : races différentes, opinions philosophiques et religieuses différentes, options politiques différentes, cultures différentes... On peut dire que la paix, dans son aspect positif, est le principe de la compréhension mutuelle, du respect de l'autre en tant que tel, c'est-à-dire de l'autre en tant que différent de nous. La vraie paix se traduit par l'unité des coeurs et des esprits. Espérons qu'un jour, même lointain, les hommes rendront la guerre impossible, grâce à un long et patient travail d'éducation qui les conduira à se respecter, à s'aimer et à s'entraider dans leur diversité.

- *Adoration silencieuse*

Demande de pardon

- *Examen de conscience personnel*
- *Acte de contrition :*

Mon Dieu, j'ai un très grand regret de vous avoir offensé parce que vous êtes infiniment bon et que le péché vous déplaît. Je prends la ferme résolution, avec le secours de votre sainte grâce, de ne plus vous offenser et de faire pénitence.

❖ **Psaume 84**

R/. Heureux celui qui œuvre pour la paix : il sera appelé enfant de Dieu.

Tu as aimé, Seigneur, cette terre, tu as fait revenir les déportés de Jacob ; tu as ôté le péché de ton peuple, tu as couvert toute sa faute ; tu as mis fin à toutes tes colères, tu es revenu de ta grande fureur.

Fais-nous revenir, Dieu, notre salut, oublie ton ressentiment contre nous. Seras-tu toujours irrité contre nous, maintiendras-tu ta colère d'âge en âge ? N'est-ce pas toi qui reviendras nous faire vivre et qui seras la joie de ton peuple ?

Fais-nous voir, Seigneur, ton amour, et donne-nous ton salut. J'écoute : que dira le Seigneur Dieu ? Ce qu'il dit, c'est la paix pour son peuple et ses fidèles ; qu'ils ne reviennent jamais à leur folie !

Son salut est proche de ceux qui le craignent, et la gloire habitera notre terre. Amour et vérité se rencontrent, justice et paix s'embrassent ; la vérité germera de la terre et du ciel se penchera la justice.

Le Seigneur donnera ses bienfaits, et notre terre donnera son fruit. La justice marchera devant lui, et ses pas traceront le chemin.

- *Adoration silencieuse*

Supplication

Seigneur, Dieu tout-puissant, Jésus-Christ, Roi de gloire, tu es la vraie paix, la charité éternelle. Sur l'autel de la croix, tu t'es offert comme victime de la réconciliation et de la paix :
Ecoute-nous Seigneur.

Sur cet autel, tu te donnes à nous comme nourriture sainte pour la vie éternelle et tu nous unis à toi, dans un lien perpétuel :
Exauce- nous Seigneur.

Éclairez nos consciences par la lumière de ta présence.
Accordez-nous d'être des hommes de paix :
Exauce-nous Seigneur.

Prince de la paix, aide-nous à bâtir un monde pacifique et juste :
Écoute-nous Seigneur.

- Prière du Seigneur : Notre Père, qui es aux cieux…

Tantum ergo sacramentum veneremur cernui :
et antiquum documentum novo cedat ritui :
praestet fides supplementum sensuum defectui.

Genitori, genitoque laus et iubilatio,
salus, honor, virtus quoque sit et benedictio :
procedenti ab utroque Compar sit laudatio. Amen.
Panem de cælo præstitísti eis : R/. Delectaméntum in se habéntem.

Oraison finale

Seigneur Jésus-Christ, qui dans l'admirable sacrement de l'Eucharistie nous a laissé le mémorial de ta Pâque, fais-nous adorer avec une foi vive le saint mystère de ton Corps et de ton Sang, afin que nous sentions toujours en nous les bienfaits de la rédemption. Toi qui vis et règnes pour les siècles des siècles. Amen.

Bénédiction +

Antienne à la Vierge Marie.
Salve, Regina, Mater misericordiae,
vita, dulcedo, et spes nostra, salve.
Ad te clamamus, exsules filii Evae,
ad te suspiramus, gementes et flentes
in hac lacrimarum valle.

Eia ergo, advocata nostra,
illos tuos misericordes oculos ad nos converte.
Et Iesum, benedictum fructum ventris tui,
nobis, post hoc exilium, ostende.
O clemens, O pia, O dulcis Virgo Maria.

Adoration pour les vocations

« Je suis le bon berger... » (Jn 10,14).

En se déclarant le bon Berger, Jésus nous dévoile sa personnalité la plus profonde et nous dit sa mission. En effet, il est venu dans notre monde pour prendre soin de tous, pour ramener à Dieu les hommes perdus par l'effet du péché. Il est celui en qui chacun peut voir un guide, un pasteur, un frère, un ami, un Sauveur.

Prendre soin des égarés en leur annonçant la Bonne Nouvelle, est la mission dans laquelle il a impliqué ceux qu'il avait choisi, les Apôtres. À leur suite l'Église continue à prendre soin des faibles, des égarés et de veiller sur la grande famille de Dieu, sans exclusion. Pour continuer cette mission, l'Eglise a besoin des hommes et des femmes disponibles à s'engager au service de Dieu à travers différents ministères et apostolats. Il est, donc, important de prier le maître de la moisson d'envoyer des ouvriers dans sa moisson (Lc 10,2). Ainsi, consacrer un moment d'adoration pour parler que naissent d'authentiques vocations dans l'Église est une bonne initiative.

- *Signe de la Croix.*
- *Chant d'adoration*
- *Adoration silencieuse*

Animateur : Notre Seigneur Jésus Christ est le grand Pasteur des brebis que le Père, par l'Esprit, a ramené d'entre les morts : que sa paix, sa grâce et sa joie soient avec vous tous.

Tous : Et avec votre esprit.

Animateur : Frères et sœurs, nous nous retrouvons unis par l'Esprit Saint pour adorer la Face eucharistique du Christ. Disposons nos cœurs à contempler le Bon Pasteur, qui nous ouvre toute grande la porte de son Cœur, pour nous faire entrer dans la joie et la paix qui n'ont pas de fin. Et, en regardant vers Lui, qui offre sa vie pour nous, son troupeau. Présentons-lui le parfum de notre prière pour qu'il confirme tous les baptisés dans leur vocation sacerdotale, prophétique et royale, et qu'Il donne à l'Église, dispersée dans le monde, de nombreux et saints Pasteurs, qui accomplissent leur ministère à l'image de Lui, le Grand Pasteur de l'unique troupeau.

- *Adoration silencieuse*

Oraison initiale

Jésus, Berger et pâturage de tes fidèles, guide sûr et chemin de vie, toi qui nous connais tous par nos noms et qui nous appelles chaque jour un par un, rends-nous capables de reconnaître ta voix, de sentir la chaleur de ta présence qui nous enveloppe. En te suivant sans résistance et sans peur, nous atteindrons les fraîches sources de ton amour, où tu nous feras boire et nous reposer. Amen.

Ecoute de la Parole de Dieu

❖ De l'Evangile selon Jean 10,11-18

En ce temps-là, Jésus dit : "Je suis le bon berger. Le bon berger donne sa vie pour ses brebis. Le mercenaire, au contraire, qui n'est pas un berger et à qui les brebis n'appartiennent pas, voit venir le loup, abandonne les brebis et s'enfuit, et le loup les saisit et les disperse ; c'est un mercenaire et il ne se soucie pas des brebis. Je suis le bon berger, je connais mes brebis et mes brebis me connaissent, comme le Père me connaît et comme je connais le Père ; et je donne ma vie pour les brebis. Et j'ai d'autres brebis qui ne sont pas de cette bergerie ; celles-là aussi, je dois les conduire ; elles entendront ma voix et deviendront un seul troupeau et un seul berger. C'est pour cela que le Père m'aime : parce que j'offre ma vie, pour la reprendre ensuite. Personne ne me l'enlève, mais je l'offre de moi-même, car j'ai le pouvoir de l'offrir et le pouvoir de la reprendre. Ce commandement, je l'ai reçu de mon Père".

Réflexion

Le Christ est le vrai berger, qui réalise le modèle le plus élevé d'amour pour le troupeau : il dispose librement de sa vie, personne ne la lui enlève, mais il la donne pour le bénéfice des brebis. En opposition ouverte aux faux bergers, Jésus se présente comme le vrai et unique berger du peuple : Le mauvais berger pense à lui et exploite les brebis ; le bon berger pense aux brebis et se donne. Contrairement au mercenaire, le Christ berger est un guide attentif qui participe à la vie de son troupeau, ne cherche aucun autre intérêt, n'a d'autre ambition que de conduire, nourrir et protéger ses brebis. Et tout cela au prix le plus élevé, celui du sacrifice de sa propre vie. Dans la figure de Jésus, le bon berger, nous contemplons la providence de Dieu, sa sollicitude paternelle pour chacun de nous. Il ne nous laisse pas seuls ! La conséquence de cette contemplation de Jésus, le vrai et bon Pasteur, est l'exclamation d'un étonnement ému [...] : "Vous voyez quel grand amour le Père nous a donné..." (1 Jn 3, 1). Il s'agit vraiment d'un amour étonnant et mystérieux, parce qu'en nous donnant Jésus comme Pasteur qui donne sa vie pour nous, le Père nous a donné tout ce qu'il y a de plus grand et de plus précieux ! C'est l'amour le plus élevé et le plus pur, parce qu'il n'est motivé par aucun besoin, il n'est conditionné par aucun calcul, il n'est attiré par aucun désir intéressé d'échange. Face à cet amour de Dieu, nous éprouvons une joie immense et nous nous ouvrons à la gratitude pour ce que nous avons reçu gratuitement.

- *Méditation silencieuse*

Conseils spirituels de saint Pierre-Julien Eymard

« Ce que j'aime à demander à Dieu pour vous, c'est la fidélité invariable dans l'amour de sa sainte et toujours aimable Volonté, sur vous particulièrement ; que la consolation ou la désolation, la joie ou la peine, les créatures ou l'absence des créatures, ne changent pas l'état intérieur de votre âme ; que vous le mettiez au-dessus des régions des tempêtes et des variations atmosphériques et que tout, au contraire, ne produise en vous qu'un changement d'exercice, d'action, mais la volonté restant toujours unie à la sainte volonté de Dieu. Ô heureuse, mille fois heureuse, l'âme qui vit de cette vie divine ! Alors elle comprend ces paroles brûlantes de saint Paul : « Qui me séparera de l'amour de Jesus-Christ ? Rien» (Rom 8,35). Le fruit de cette divine conformité sera d'abord la patience, l'égalité de caractère à l'extérieur, puis la paix à l'intérieur et la force et la générosité dans l'action. Une âme qui veut vivre de Dieu consulte avant tout sa sainte volonté ; elle craint de consulter en premier son cœur, sa propre raison, elle s'en défie ; et pour elle la volonté de Dieu connue, c'est sa suprême loi, c'est son invariable règle et sa première science [...] »[27]

- *Prière pour conclure la méditation :*

Jésus, hôte divin et mendiant d'amour à la porte du cœur de l'homme, que rien ne nous soit plus doux, rien ne soit plus désirable que de marcher avec toi dans ta demeure. "Le bonheur et la grâce seront nos compagnons" sur le chemin de la vie présente, non pas parce qu'il ne nous arrivera plus rien de pénible, mais parce que tout avec toi sera grâce, vécu dans la sérénité et la paix. Amen

Supplication

Frères et sœurs, nous sommes nés pour aimer et servir Dieu. Seule la fidélité à cette vocation fondamentale peut nous donner la paix. Prions pour être dignes de notre vocation. Disons : ***Pasteur éternel, guide et protège tes fidèles.***

Pour que le Pape, les évêques, les prêtres et les catéchistes, animés d'une vraie charité, apprennent à connaître chacun des frères qui leur sont confiés, s'approchent de ceux qui sont loin et soient prêts à donner leur vie pour leur troupeau. R/

Pour que la communauté ecclésiale, lieu d'éducation et de croissance dans la foi, sache cultiver les germes de la vocation au ministère pastoral et à la vie virginale pour le Royaume des cieux. *R/*

Nous prions pour que ceux qui ont entendu ou entendront la voix du Seigneur les appelant à le suivre pour le service et l'édification de son peuple, répondent docilement au don de l'Esprit. *R/*

Pour que l'Eucharistie que nous célébrons, quotidiennement, nous aide à savoir écouter le Christ Bon Pasteur et à reconnaître sa voix à chaque instant lorsqu'il nous appelle à le suivre, prions. *R/*

[27] Saint Pierre-Julien Eymard, Conseils de vie spirituelle, extraits de sa correspondance (À Mme Natalie Jordan, 22 janvier 1852), textes choisis et présentés par Fiorenzo Salvi, Giovanni Moretti, Manuel Barbiero et André Guitton, Centro Eucaristico, Ponteranica (BG), janvier 2021, pp.36-37.

Prière du Seigneur : Notre Père, qui es aux cieux…

Oraison finale

Dieu tout-puissant et miséricordieux, conduis-nous à la possession de la joie éternelle, afin que l'humble troupeau de tes fidèles vienne à toi en toute sécurité, là où l'a précédé le Christ, son pasteur, présent dans cet admirable sacrement. Lui qui est Dieu pour les siècles des siècles. Amen

Bénédiction +

Antienne à la Vierge Marie

Sainte Mère du Rédempteur, Porte du ciel toujours ouverte, Etoile de la mer, viens au secours du peuple qui tombe et qui cherche à se relever. Tu as enfanté, ô merveille ! Celui qui t'a créée, et tu demeures toujours Vierge. Accueille le salut de l'ange Gabriel et prends pitié de nous, pécheurs.

Adoration en Temps de deuil

« Moi, je suis la résurrection et la vie. Celui qui croit en moi, même s'il meurt, vivra »
(Jn 11,25)

La perte d'un être cher est un moment de grande tristesse. La mort a toujours été une source de désespérance pour certains et occasion de prière dans la foi pour d'autres. Quoi qu'il en soit, l'on ne s'habitue jamais avec la mort. Une personne ou une famille frappée par le deuil perd la force morale, spirituelle et parfois physique et se trouvent dans le désarroi. C'est un sentiment naturel que tout homme peut ressentir. L'évangile de saint Jean nous parle de notre Seigneur Jésus frappé par la situation de Marthe et Marie frappées par la mort de leur frère Lazard son ami, Jésus l'ayant appris, est allé à leur chevet pour compatir à leur souffrance et les ragaillardir. Il manifesta sa puissance pour libérer Lazard de la captivité de la mort et en le ramenant à la vie. (Jn 11). De même, dans l'évangile selon saint Marc, nous voyons Jésus répondre à la tristesse de Jaïre en ramenant à la vie sa fille morte (Mc 5,22-24.35-43). Ces quelques références prouvent la compassion de Jésus pour les personnes éprouvées. Lui est à nos côtés aux moments les plus sombres de notre vie. En lui la mort n'a pas le dernier mot. Car c'est à Dieu que revient le début et le terme de la vie. C'est pourquoi la mort constitue pour les croyants le passage vers la vie qui ne finit pas.

Dans la confiance du grand amour que Jésus manifeste pour nous soutenir dans les moments de tristesse et de deuil, l'adoration de son Corps livré pour nous devient l'occasion d'un grand recueillement et de soulagement spirituel. La joie de rencontrer Jésus dans le Saint-Sacrement exposé ou dans le tabernacle sera pour les chrétiens réunis dans une église un rendez-vous bienfaisant pour sauvegarder la foi en Dieu qui n'abandonne jamais ses fils et déposer au pied de l'autel le poids de la tristesse portée dans les cœurs, tandis qu'en recommande au Seigneur l'âme du défunt. Ce schéma peut être utilisé en mémoire des défunts.

- *Signe de la Croix*
- *Chant d'adoration ou récitation du psaume 41*

Psaume 41

R/- Pourquoi te désoler, ô mon âme, et gémir sur moi ?

Comme un cerf altéré cherche l'eau vive, ainsi mon âme te cherche toi, mon Dieu.

Mon âme a soif de Dieu, le Dieu vivant ; quand pourrai-je m'avancer, paraître face à Dieu ?

Je n'ai d'autre pain que mes larmes, le jour, la nuit, moi qui chaque jour entends dire : « Où est-il ton Dieu ? »

Je me souviens, et mon âme déborde : en ce temps-là, je franchissais les portails ! Je conduisais vers la maison de mon Dieu la multitude en fête, parmi les cris de joie et les actions de grâce.

Pourquoi te désoler, ô mon âme, et gémir sur moi ? Espère en Dieu ! De nouveau je rendrai grâce : il est mon sauveur et mon Dieu !

Si mon âme se désole, je me souviens de toi, depuis les terres du Jourdain et de l'Hermon, depuis mon humble montagne.

L'abîme appelant l'abîme à la voix de tes cataractes, la masse de tes flots et de tes vagues a passé sur moi.

Au long du jour, le Seigneur m'envoie son amour ; et la nuit, son chant est avec moi, prière au Dieu de ma vie.

Je dirai à Dieu, mon rocher : « Pourquoi m'oublies-tu ? Pourquoi vais-je assombri, pressé par l'ennemi ? »

Outragé par mes adversaires, je suis meurtri jusqu'aux os, moi qui chaque jour entends dire : « Où est-il ton Dieu ? »

Pourquoi te désoler, ô mon âme, et gémir sur moi ? Espère en Dieu ! De nouveau je rendrai grâce : il est mon sauveur et mon Dieu !

- *Adoration silencieuse*

De la lettre de saint Pierre Julien Eymard à Mme Franchet :

« Je viens de recevoir votre lettre pleine de tristesse et de gémissement. Mon Dieu ! Que des misères ! Quand seront-elles adoucies ? Pauvre nacelle ! Comme elle est ballottée ! Puis, le rivage est encore loin et le ciel est toujours sombre, puis point de secours. Quelle position ! Que faire ? Se tenir toujours au gouvernail, jeter l'eau qui entre peu à peu dans la petite nacelle, puis s'abandonner à la Providence.

Votre nacelle est assurée, Madame, elle ne peut sombrer et périr. Non, non, le Bon Dieu la bénit à chaque instant du jour, mais vous n'êtes pas encore une bonne passagère, vous avez trop peur ; puis votre cœur se meurt de ne voir que le ciel est le désert. Que voulez-vous ? Il ne faut pas lui en trop vouloir pour cela ; il souffre, il est malade, il se soulage en se plaignant un peu, mais quand il veut aller plus loin, il faut lui dire : "Or, sus, mon pauvre cœur, tu n'es pas sage, tu vas déplaire à ton Dieu et te rendre malheureux par son amour, tu n'iras pas plus loin, et pour son amour, tu souffriras encore un peu", et ce cœur qui dans le fond est bon, se rendra et reprendra la voie de Jésus, partout où il lui plaira de le conduire et il retrouvera la paix et la liberté avec la force et l'amour.

Communiez, ma fille ; la malade a besoin de nourriture. Communiez malgré vos misères, elles ne vous ôtent pas la vie de l'amour divin, elles ne font que l'éprouver, que la purifier : le fruit qui vient dans une serre chaude est toujours un peu fade et l'arbre qui le produit, bien délicat et bien faible. Mais le fruit qui vient en plein vent, qui mûrit en son temps est le meilleur. Communiez, et Notre seigneur sera votre force dans les grandes épreuves ; dans les grandes tentations on a un besoin pressant, je dirais presque nécessaire de Notre seigneur Eucharistique ; c'est le moment du combat et si Jésus semble dormir au milieu de la tempête [cf. Mt 8,23-27], ce n'est que pour éprouver notre confiance ; contentez-vous, alors, de vous tenir à ses pieds. Son amour ne dort jamais. Pauvre fille ! Ce que vous m'écrivez de ce sentiment n'est rien ; vous lui avez donné trop d'importance, et surtout vous l'avez trop analysé ; en s'en confessant on n'en dit qu'un mot en fuyant.

Ah ! Vous vivez trop dans votre cœur. Je voudrais que votre cœur vécût tout entier dans le cœur divin de Notre Seigneur. Je ne puis pas ! La souffrance est le commencement de cette vie divine, la fidélité dans la souffrance en est la force et le lien. Allons ! Vous aimerez le Seigneur Jésus de tout votre cœur, de tout votre esprit, et de toute votre volonté, et de toute vos forces [cf. Mc 12,30] ; et le ciel et la terre vous béniront avec moi. »[28]

- *Prière silencieuse*

Écoute de la Parole de Dieu

❖ De l'évangile selon saint Jean 11,1-45

Il y avait quelqu'un de malade, Lazare, de Béthanie, le village de Marie et de Marthe, sa sœur. Or Marie était celle qui répandit du parfum sur le Seigneur et lui essuya les pieds avec ses cheveux. C'était son frère Lazare qui était malade. Donc, les deux sœurs envoyèrent dire à Jésus : « Seigneur, celui que tu aimes est malade. » En apprenant cela, Jésus dit : « Cette maladie ne conduit pas à la mort, elle est pour la gloire de Dieu, afin que par elle le Fils de Dieu soit glorifié. »
Jésus aimait Marthe et sa sœur, ainsi que Lazare. Quand il apprit que celui-ci était malade, il demeura deux jours encore à l'endroit où il se trouvait. Puis, après cela, il dit aux disciples : « Revenons en Judée. » Les disciples lui dirent : « Rabbi, tout récemment, les Juifs, là-bas, cherchaient à te lapider, et tu y retournes ? » Jésus répondit : « N'y a-t-il pas douze heures dans une journée ? Celui qui marche pendant le jour ne trébuche pas, parce qu'il voit la lumière de ce monde ; mais celui qui marche pendant la nuit trébuche, parce que la lumière n'est pas en lui. »
Après ces paroles, il ajouta : « Lazare, notre ami, s'est endormi ; mais je vais aller le tirer de ce sommeil. » Les disciples lui dirent alors : « Seigneur, s'il s'est endormi, il sera sauvé. » Jésus avait parlé de la mort ; eux pensaient qu'il parlait du repos du sommeil. Alors il leur dit ouvertement : « Lazare est mort, et je me réjouis de n'avoir pas été là, à cause de vous, pour que vous croyiez. Mais allons auprès de lui ! » Thomas, appelé Didyme (c'est-à-dire Jumeau), dit aux autres disciples : « Allons-y, nous aussi, pour mourir avec lui ! »
À son arrivée, Jésus trouva Lazare au tombeau depuis quatre jours déjà. Comme Béthanie était tout près de Jérusalem – à une distance de quinze stades (c'est-à-dire une demi-heure de marche environ) –, beaucoup de Juifs étaient venus réconforter Marthe et Marie au sujet de leur frère.

---

[28] Œuvres complètes (CO), 273.

Lorsque Marthe apprit l'arrivée de Jésus, elle partit à sa rencontre, tandis que Marie restait assise à la maison. Marthe dit à Jésus : « Seigneur, si tu avais été ici, mon frère ne serait pas mort. Mais maintenant encore, je le sais, tout ce que tu demanderas à Dieu, Dieu te l'accordera. » Jésus lui dit : « Ton frère ressuscitera. » Marthe reprit : « Je sais qu'il ressuscitera à la résurrection, au dernier jour. » Jésus lui dit : « Moi, je suis la résurrection et la vie. Celui qui croit en moi, même s'il meurt, vivra ; quiconque vit et croit en moi ne mourra jamais. Crois-tu cela ? » Elle répondit : « Oui, Seigneur, je le crois : tu es le Christ, le Fils de Dieu, tu es celui qui vient dans le monde … »

Réflexion

Avec la résurrection de Lazare, Jésus accomplit le plus grand signe pour amener le cœur des disciples à croire en lui, tandis que la liturgie s'insère dans le temps que nous vivons : le nombre élevé de décès, la peur généralisée dans notre monde semblent représenter l'ancienne scène de Béthanie : "Celui qui a ouvert les yeux de l'aveugle ne pouvait-il pas aussi faire en sorte qu'il ne meure pas ? Nous devons parcourir le chemin de la foi avec Marthe qui a finalement dit : "Oui, Seigneur, je crois que tu es le Christ, le Fils de Dieu, celui qui vient dans le monde".

Béthanie était pour Jésus un lieu de rafraîchissement, d'accueil et d'amitié, il fréquentait cette famille et c'était pour lui comme sa maison ; il avait souvent mangé avec eux et il avait reçu tant d'attention et de soins, et c'est pourquoi la mort de Lazare est encore plus choquante et dérangeante : la tentation de la lire comme une grave injustice est forte.

Jésus partage également cette lecture et la confirme : la mort est en effet une injustice, la pire des injustices. "Dieu n'a pas créé la mort et ne se réjouit pas de la ruine des vivants. Car il a créé toutes choses pour qu'elles vivent, et le royaume des morts n'est pas sur la terre" (Sg 1,13-14).

Jésus décide de partager la souffrance de cette famille amie éprouvée ; il entre en dialogue avec les deux sœurs du défunt, en particulier avec Marthe dans un dialogue patient et délicat et essaie de l'aider en la laissant s'exprimer, en répétant la parole d'espérance et en l'appelant à nouveau à la foi, tandis que Marie reste à la maison, muette de douleur et ferme dans l'attitude sereine de celle qui a confiance.

Il le fait surtout en laissant ce détachement tragique blesser son cœur d'homme, en allant au tombeau, en regardant la pierre qui ferme la grotte, en se taisant au milieu des murmures, en s'émouvant jusqu'aux larmes. Autant d'attitudes qui nous appartiennent et que nous connaissons malheureusement bien en ce moment douloureux, qui gonfle les cœurs et les yeux de larmes, qui déchire les affections les plus chères, qui met à nu les blessures et alimente tant d'incertitudes pour l'avenir.

Nous aussi, nous sommes amenés à nous arrêter devant cette pierre pétrifiée et à persévérer dans les pleurs et dans l'affection de la sépulture ; assis à la maison ou agités dans nos pensées, nous cherchons refuge dans un dialogue priant, remettant nos ressentiments entre les mains du Seigneur, sûrs qu'il nous adresse l'invitation de sortir de notre chagrin : "Sors de là !" (Jn 11,43).

- *Adoration silencieuse*

Demande de pardon

- *Examen de conscience : en toute confiance, l'on se rappelle ses mésaventures, les occasions de charité manquées, les peines infligées aux autres, le manque d'amour envers sois et envers l'entourage, et l'on les regrette sincèrement.*
- *L'acte de contrition :*

Je confesse à Dieu tout-puissant, Je reconnais devant vous, frères et sœurs, que j'ai péché en pensée, en parole, par action et par omission ; oui, j'ai vraiment péché. C'est pourquoi je supplie la bienheureuse Vierge Marie, les anges et tous les saints, et vous aussi, frères et sœurs, de prier pour moi le Seigneur notre Dieu.

Supplication

Christ est notre espérance et notre vie, tournons-nous nous vers lui, sûrs qu'il nous écoutera: **Augmente en nous, Seigneur, la foi.**

Jésus mort et ressuscité, tu nous montre le chemin qui conduit au Père, essuie les larmes de nos yeux. R/

Jésus, Fils du Père Miséricordieux, pardonne nos péchés et dirige les âmes des défunts vers ton Père et notre Père. R/

Jésus qui a pris compassion de la famille de Béthanie, sois proche de nous quand nous sombrons dans le désespoir et le doute. R/

Jésus notre frère, écoutes les cris des accablés, des malades et des rejetés. R/

- *Intentions libres...*

- *Prière du Seigneur: Notre Père, qui es aux cieux...*

Bénédiction +

Louanges divines

Sois béni notre Dieu

Sois béni pour ton amour sans limite

Sois bénis en Jésus notre frère et Sauveur

Sois beni pour les merveilles qu'il a accompli pour notre salut

Sois béni pour sa présence au milieu de nous

Jésus pain de vie qui comble la faim de nos corps et de nos âmes

Jésus vin joyeux qui étanche notre soif et anime notre corps entier

Nous te bénissons et te rendons grâce pour tout. Amen.

BIBLIOGRAPHIE

Bible de Jérusalem en gros caractères, édition du Cerf, mai 2021, 2232 p.

Pape Paul VI, *Rituel de l'Eucharistie en dehors de la messe,* Rome, le 21 juin 1973.

Idem, Encyclique *l'Eucharistie, mystère de foi (*Mysterium fidei), Paris, Centurion 1965, n.56 et 64.

Jean Paul II, *Mane nobiscum Domine*, n.18, §2, 7 octobre 2004.

Pape François, *Homélie prononcée lors de la messe de clôture de la première phase du synode sur la synodalité,* Cité du Vatican, 20 octobre 2023, disponible sur : Vatican.va, consulté le 30 octobre 2023.

Victor Hugo, Ruy Blas, *Hachette Education* (Nouvelle édition), 21 aout 2002, p. 367.

Edmon et J. De Goncourt, *Journal*, p.304, disponible sur : https://obvil.sorbonne-universite.fr/corpus/critique/goncourt-edmon_journal-09, consulté le 11 octobre 2023.

Encyclopédie Treccani, *Adoration*, disponible sur : treccani.it.

Extrait de la « *Divine Eucharistique* », tome 1 sur la présence Réelle de St Pierre-Julien Eymard, disponible sur : https://adorationantony.com/methode-dadoration-par-les-quatre-fins-du-saint-sacrifice-de-la-messe-saint-pierre-julien-eymard/

Florian, Racine, L'Adoration eucharistique, Éditions de l'Emmanuel, 2009.

Raphaël Walker, L'Adoration eucharistique, Toulouse, Éditions du Carmel, 2015.

L'adoration en Islam : qu'est-ce que l'adoration, disponible sur https://www.islamreligion.com/fr/articles/222/viewall/l-adoration-en-islam-partie-1-de-3, consulté, le 8 novembre 2023.

L'École biblique de Jérusalem, Dictionnaire Jésus,
Édition établie sous la direction de Renaud Silly o.p., Bouquins la collection, Éditions Robert Laffont, S.A.S., Paris, 2921.

Maurice Liber, *Sur les origines de la prière publique dans le judaïsme* [article], disponible sur : https://www.persee.fr/doc/ephe_0000-0002_1932_num_46_42_17310, consulté le 7 novembre 2023.

Centre National des Recherches Textuelles et Lexicales (CNRTL), *Dictionnaire*, disponible sur: https://www.cnrtl.fr/definition/dictionnaire

SOMMAIRE

Printed by Books on Demand GmbH, Norderstedt / Germany